隋说奥秘

生活中的进化论

—— 隋鸿锦 著 ——

北方联合出版传媒（集团）股份有限公司

辽宁科学技术出版社

图书在版编目（CIP）数据

隋说奥秘：生活中的进化论 / 隋鸿锦著. -- 沈阳：辽宁科学技术出版社，2025. 4（2025. 6重印）. -- ISBN 978-7-5591-4058-6

Ⅰ.C913.3

中国国家版本馆CIP数据核字第2025YA7117号

出版发行：辽宁科学技术出版社
　　　　　（地址：沈阳市和平区十一纬路25号　邮编：110003）
印　刷　者：辽宁新华印务有限公司
经　销　者：各地新华书店
幅面尺寸：145mm×210mm
印　　张：5.5
字　　数：200千字
出版时间：2025年4月第1版
印刷时间：2025年6月第2次印刷
出　品　人：陈　刚
责任编辑：王丽颖
封面设计：孙文文
版式设计：李英辉
责任校对：高雪坤

书　　号：ISBN 978-7-5591-4058-6
定　　价：68.00元

联系电话：024-23284740
邮购热线：024-23284502
E-mail：wly45@126.com
http://www.lnkj.com.cn

写在前面的话

　　我在读大学的时候，曾经立志要成为一名外科医生。但是阴差阳错，大学毕业的时候我被学校免试推荐读了大连医学院解剖教研室的研究生，成为张书琴教授的开山大弟子。研究生毕业之际，感恩于张教授对我的辛勤培养和殷殷期望，最终一狠心一跺脚，我放弃了成为外科医生的理想，成了一位讲授人体解剖学的老师，和尸体打了一辈子的交道，讲了一辈子的解剖课。

　　我个人认为"讲课好"只是对年轻教师的表扬，不能用来表扬老教师。因为这是做了一辈子的事情，"讲课好"应该是对老教师的基本要求。老教师在课堂上不仅要把知识讲明白、讲清晰，还要趣味横生，能控制课堂的节奏，能有足够的控场"包袱"，随时可以根据课堂上的情况"抖包袱"。

　　人体解剖学是医学的基础课，听课的大多是大一新生，这不仅是医学生大学期间的第一门专业课，也是医学生学医生涯中的第一门专业课。这个时期的学子刚刚从高中生转变为大学生，身份的转变、教学环境的转变、教学方法的转变，让学生们一下子很难适应。同时，现代医学是在解剖学的基础上建立和发展起来的，它属于形态科学，需要记忆的内容很多，解剖学的名词占了医学名词总量的近1/3，学生的学习压力很大。对于临床医生来说，不懂解剖学就好比将军看不懂地图一样，是一定会打败仗的。为了让学生们能够听懂和记住，也为了让学生们在课堂上认真听讲、不睡觉，我找了大量与解剖学相关的故事，在课堂上以讲故事的形式传授知识，通过这些故事帮助学生们理解和记忆。这些故事也随着时间的积累越来越多，可以让我在课堂上随心所欲、信手拈来地发挥。

2009年，依托生物塑化技术和生物塑化标本，我创建了世界上首座生命奥秘博物馆，这是全世界第一个以塑化标本为主要展品的自然类博物馆。我个人的观点是，孩子们到博物馆参观，最重要的是激发孩子们的兴趣，从而让孩子们可以自发地被兴趣所引导去学习相关学科的知识。而且作为民营博物馆，在没有政府资助的情况下，活着是硬道理。要想生存就必须研究如何把展品的科学故事讲好，在科学性的基础上做到通俗性和趣味性，这对于增强生命奥秘博物馆的吸引力非常重要，于是我也花费了大量的精力广泛地阅读文献，研发讲解及研学课程的内容。果然功夫不负有心人，这些内容不仅使得生命奥秘博物馆的讲解内容独具特色、趣味横生，也为我的人体解剖学课程增添了很多学生们喜闻乐见的"包袱"。而且令人惊喜的是，由于内容的高度原创性，依托于生命奥秘博物馆的展品，我们编写的《生命奥秘丛书》(包括《达尔文的证据》《深海鱼影》《人体的奥秘》)在2019年1月获得了国家科技进步奖二等奖。这是我国科普类的最高奖项，也是辽宁省在该奖项上实现的零的突破。

直到有一天，我的一位已经留校任教的学生张健飞博士在听了我几次课之后，建议我把这些小故事记录下来，整理成册，以图书的形式让更多的年轻老师和学生也能从中有所收获。我认为这是个好主意，立刻就开始有意识地整理和记录。

本书收录的就是我在讲课时及茶余饭后和朋友、同事们聊天时对人体解剖和生物进化的一些随想、感受，以及生命奥秘博物馆讲解涉及的一些生物学小故事，我将它们记录下来以避免思绪转瞬即逝，谈不上是什么智慧的火花，但确实是灵机一动的小突破。通过一些生活中的小故事，能够使生物进化的大道理被更多的人所了解，也算是本书的一个尝试。

我小时候感觉写书是一件非常神圣的事情，后来随着时间的推移，我也逐渐地一本、两本、三本……不停地写起了书。写了书之后才发现，类似我小时候对写书人的崇拜依然存在于很多人的意识中。我的很多朋友告诉我，请出过书的人一起吃饭喝酒，在餐桌上听听关于写作的故事，似乎比单纯地吃喝要有趣些。"你有酒，我就有故事"，从开玩笑变成被朋友们请吃饭的理由，知识直接就变成了酒钱，而朋友们听完故事之后的提问也丰富了我的写作内容，增添了内容的趣味性。在平时的教学和科研过程中，我的许多研究生，如陈程、宋杨等也对本书的内容不断提出修改意见，表达了对本书的喜欢，也增强了我创作此书的信心。

　　作为人体解剖学的专业教师，本书的写作也是我对自己的一个挑战，希望本书能够得到读者们的喜欢，也希望本书能够对医学和生物学的学生和年轻老师，以及相关领域的爱好者们了解和理解生物进化的理论提供帮助，同时对提升学习兴趣有所裨益。

隋鸿锦

2024 年 9 月 22 日

序言

　　为什么人们总是更容易记得不快乐的事情？为什么人们能感觉到痒？为什么人们讨厌别人剧透？许许多多的问题，都可以在这本书里找到答案。

　　然而，父亲给我的人生答案是这本书不能完全概括的。很多人把我的父亲视作偶像，尊敬地称呼他为教授。而我，在经历了小时候对他的盲目崇拜、青春期对他的各种叛逆和否定以后，对他的崇敬却与其他人完全不同。

　　在我小时候，父亲的故事就经常萦绕在我的耳边。听奶奶讲，以前她在大连纺织厂工作的时候，在图书馆办了两张借书卡。她分别用两张借书卡借一还一，这样父亲每天都可以读到奶奶借来的新书。所以父亲从小就读过很多书，博闻强识，对天文地理都很感兴趣。而在奶奶的叙述中，关于父亲的故事好像除了学习，就没其他的了。每天除了看书，就是窝在家里学习，就连朋友来找他玩，他也不出去。

我不知道有多少故事是奶奶故意讲给我听，想要激励我努力学习的。但是在我小时候，我确实认为父亲什么都知道、什么都懂、无所不能。到了青春期，我开始总是生气地对父亲说："就你什么都知道！就你什么都懂！"那个时候我总是气他是"懂王"，总是想要证明他说的东西是错的。现如今，不再有青春期的叛逆，我才意识到，父亲是真真正正实实在在的博学。比起儿时，我现在对父亲的钦佩少了盲目崇拜，多了实事求是。

　　时至今日，他仍然坚持每天阅读，书柜已经里三层外三层地码了好多书了。我常年居住在海外，每次回家就会发现父亲的书柜又多了一层书，这全是他这一年中读过的新书。他的阅读量惊人，我甚至曾经暗暗较劲，想和他比一比看谁读的书更多，拼了命地给自己的书房添砖加瓦。但最后总是遗憾地问道："你怎么读得那么快？你又是怎么能都记得住的？我拼了命地读都赶不上你的速度呢？"他总是得意地笑一笑，然后开玩笑说："因为我是你爹！"

　　虽然如此，但是在我的成长过程中，父亲却很少跟我强调学习的重要性。他从不对我的学习成绩有什么要求，相反，他更强调我的抗挫折能力、随机应变的能力、想出鬼主意的能力。他在我很小的时候就给我买了很多科普读物。我清楚地记得，有一天报纸报道大连的海边出现了罕见的巨大死鱼，连八旬老渔民都从未见过这种鱼。他拿着报纸指着照片问我："你知道这是什么鱼吗？"我看了一眼图片说："翻车鱼。""对了，你看，你一个小学生都认识这是什么鱼，但是这位老渔民，天天打鱼，却不认识这种鱼。你是怎么知道这是翻车鱼的呢？"我说："因为我在书上看到过它。""是的，这就是读书的力量。它可以让你轻松地知道别人可能这辈子都不知道的事情。"我点点头，自豪地看着他，然后他说："另外，你看，八旬老渔民都说从来没见过，就证明真的没有人可以说出来这是什么吗？""不是，我就知道这是什么！""是的，所以不要听别人说很难就认为一定很难，一定要自己去尝试寻找答案。"

所以他一直在教我自己寻找答案，不停地探索世界，他总是让我尽量体验大千世界的精彩。在我很小的时候就带我去青岛看栈桥，去北京听和大连不一样的蝉鸣。他会把车停在路边让我慢慢解剖路边捡来的果子，满足我的好奇心和探索欲；会等在院子里让我静静观察西瓜虫怎么变成一个球又怎么慢慢打开；会带我去东京的小超市买生鱼片，一起坐在马路边大快朵颐，让我惊讶地发现原来在超市买的生鱼片是如此美味；他会让我站在岸边被海浪打得浑身湿透，瑟瑟发抖地留下一串脚印，感受海水有多么冰冷；他会把还很幼小的我举起来，让我的身高显得足够高，开玩笑地让游乐场的工作人员放我进去坐过山车；他会在我尚幼时带我去逛超市，让我惊讶地发现竟然可以自由选购好一筐蔬菜到门口再结账……他知道，比起分数、比起在旅游景点打卡拍照，对这个世界保持好奇心，愿意不停地探索世界、观察世界、提出问题、找到答案才是更重要的。他总是鼓励我观察生活中被人忽视的细节，提出问题。我可能会在鱼缸前蹲一下午，观察金鱼摆动尾巴游泳的姿势，用手感受它滑溜溜的身体从手中逃走的感觉。他并不会觉得我在浪费时间，而是认同我在小事中观察自然。我在观察金鱼期间问他，为什么金鱼的尾巴这么大啊？如果金鱼没有尾巴会怎样？为什么金鱼摸起来这么滑呀？那时候，我并不知道，科学思维的第一步便是观察生活、提出问题，然后才是思考问题、做出假设、设计实验、验证结果。

他不在意我的作业做没做完，也不在意我考了多少分，也不会让我去补课，但是他会带我去欣赏听不懂的古典乐，给我订阅一大堆的科学画报，在周末带我去逛博物馆。以至于从小到大，我都觉得世界上最美的地方可能就是博物馆，那里有一切问题的答案；从小到大，我都觉得，满足自己的求知欲是世间最美好的事情，发现的过程比知道结果更让人快乐；从小到大，我都觉得，世间之所以如此绚烂，就是因为我们可以不停地去探索生命的奥秘。

近年来，一直听说父亲在写"隋说奥秘"，我也有幸成为第一批能够看到全文的读者。父亲邀请我为此书作序，我很兴奋，也很荣幸！而且我确实很喜欢这本《隋说奥秘：生活中的进化论》。还是父亲一贯的风格，从生活中的方方面面找到有趣的问题，广博的知识让他把各个学科中的故事联系起来，从自然科学的角度找到答案，把很严谨的学术问题讲解得非常轻松有趣。让我们一起阅读吧！在这里，我们可以一起提出有趣的问题，探索生命的奥秘。

隋雪君

2024 年 11 月 11 日

隋雪君，数据分析师，毕业于美国罗切斯特大学，曾参编多部科普著作。

目录 Contents

1

珍馐美馔

"吃香的、喝辣的",在很长的时间里是国人对美好
生活向往的具象化。吃香的,就是吃肉,尤其是肥
肉;喝辣的,就是喝酒,主要是白酒。但是细究起来,
在珍馐美馔的背后,还有生物学的冷门知识。

香甜可口

当我们描述美食的时候，最常用的词语就是"香甜可口"了。面对甜食和油炸食品，很多人难以控制自己的食欲，这其实也是生物进化的结果，是由我们身体里的基因决定的。

香，意味着有脂肪，而脂肪是动物性食品中能量最多的部分。在中餐的食谱中，大多以肉为主的大餐都是富含脂肪、油腻腻的，比如东坡肘子、红烧肉、扣肉等。如果猪肉炖粉条里面没有几块"白肉"，那味道一定得不到食客们的夸奖，反正每次吃东北杀猪菜的时候，我总是要痛痛快快地吃上几大口肥肉的。偶尔也有以瘦肉为主的美食，比如软炸里脊，用的就是猪的腰大肌，那是纯粹的瘦肉，但是这样的美食却离不开"油炸"，只有经过了油炸，使其变得香喷喷的，才能成就其美味。其他诸如软炸肉、溜肉段，也都是如此。

在我的童年时期，因为经济困难，"下馆子"是当时最令人向往的事情之一。我家"下馆子"的时候，老爸常常会点上一盘"樱桃肉"。这道菜选用的一定是肥肉，将其切成小拇指大小的肉丁，做成酸甜口味。一筷子夹起来放进嘴里，酸、甜，再加上香在舌尖上绽放，简直是无比的享受。

刘路遥 绘

　　当然，在当今社会不吃肥肉的人不在少数，其实那都是"富贵病"使然。所谓"富贵病"是指不健康的生活方式带来的慢性非传染性疾病，例如高血脂、高血压、高血糖、脂肪肝等，不吃肥肉是人们出于健康目的的自我保护而已。正是由此，现在到饭店吃饭，樱桃肉的名字虽然没有变，但是肥肉丁已经变成瘦肉丁啦。

　　脂肪是生物体内能量存储的重要方式。自然界的动物通常过着饥一顿饱一顿的生活，它们必须在食物充足的时候多进食，快速积累足够的脂肪，才能为其在食物匮乏时提供能量保障。棕熊正是由于皮下有着厚达 20 厘米的脂肪，才能度过漫长的冬眠，甚至还能在冬眠的时候进行分娩和哺乳。当棕熊结束冬眠的时候，全身的脂肪已经消耗殆尽，变得骨瘦如柴了。动物如果体内没有足够的脂肪储备，甚至会无法繁殖。因为当体内的脂肪储备不足的时候，连个体的存活都成了问题，如何能繁殖出健康的下一代呢？这一点对于人类也适用。一味减肥的女性需要注意，如果身体非常消瘦，体内脂肪储备严重不足，不仅会出现月经不调，而且对于想要生宝宝的女性来说，甚至是很难怀孕当妈妈的。

曾经有一位家喻户晓的著名舞蹈家，当她想要为她的知心爱人孕育生命时，发现情况并不乐观。经过医院的专业检查后，医生告诉她由于长期节食、过于消瘦，她的身上几乎没有脂肪，怀孕很困难。如果要怀孕，就必须增肥，这就意味着舞蹈家在相当长的时间内得停止跳舞。是要增肥孕育生命，还是坚持自己的艺术之路？是选择家庭，还是选择事业？经过艰难的思想斗争，最后她还是痛苦地向爱人提出了分手，为艺术牺牲了个人的幸福。舞蹈家在舞蹈方面有着非凡的造诣，她亦将人生奉献给了舞蹈事业。那么为什么脂肪过少就无法生育呢？

这是因为脂肪是储能物质，身体多余的能量都会以脂肪的形式储存起来，以备不时之需。如果体内缺少足够的脂肪，能量储备不足，对胚胎的发育是不利的，孩子很可能胎死腹中。所以大自然的法则是如果脂肪不够，就不能顺利孕育后代，只有那些在困难环境中能够获得足够营养的女性才能孕育后代，将自己的基因传递下去。身上的脂肪含量不足，都难以保证自身的健康，怎么能给胎儿提供孕育所必需的营养呢？在这方面，大自然有着确保"优生"的机制。从这个角度来讲，我们不能盲目地减肥，身体应该维持一定的脂肪量，这样才更有利于我们的生活。有的人说自己喝凉水也长肉，吃点东西就胖，这说明基因好，能够储存能量。只是现代社会物质文明高度发达了，"怎么吃都不胖"反而成为大家羡慕的对象啦。

甜，意味着有糖，而糖是植物食品当中能量最多的部分。比如说松仁玉米、拔丝地瓜、冰糖雪梨等都是令人垂涎的美食。饭后甜点之所以在全世界的食谱中都非常受欢迎，就是因为经过亿万年的进化，我们的大脑已经进化出了追求能量的机制。所以对孩子最有吸引力的食品就是糖！如果不考虑龋齿等健康问题因素，糖一定是能够让孩子最快长胖的食品。

在长期的演化过程中，动物常常处于食物严重不足的情况。和人类在餐桌旁优雅地进食不同，动物在进食的时候难得有安全和安静的环境，需要边进食边注意周边的安全。"螳螂捕蝉，黄雀在后"，这不仅是一句成语，更是动物世界中时时都在发生着的现实。动物们不能因为失去警惕而只顾进食，而成为其他动物的盘中餐。"吃"和"不被吃"，觅食和防御，是生物个体为了生存而毕生为之奋斗的事关生与死的较量。因此，一方面要尽可能多地进食，另一方面也要快速进食，所谓的"狼吞虎咽"，并不是吃相难看，而是动物的生存需要。高效进食是生存的根本，在单位时间内获得能量越多的个体生存下来的可能性就越大，也就能产下更多的后代。在演化过程当中，逐渐地，那些能够在短时间内快速获取能量的技能被不断加强并保留下来，动物逐渐形成对香甜可口的食物的热爱和敏感，在脑内也进化出对香和甜的奖赏机制。对香（脂肪）和甜（糖）的追求就是对能量的追求，是人类为了生存而演化出的对环境的适应行为！

锦州烧烤以"没有什么是不能烤的"而著称，2023 年山东淄博烧烤也一下子火爆了起来，"淄博烧烤"成了淄博的新名片，也带动了当地的旅游发展。其实世界各地都有不同名目的烧烤，这可能是人类最原始、最古老的烹饪方式了。在原始人刚刚学会用火的时候，人类就开始"烧烤"了。烧烤之所以让人喜欢，就是因为烧烤时将动物身体里的脂肪的香味激发了出来，通过嗅觉刺激了食欲。如果这时再伴有油滴在火中迸发的视觉刺激以及发出的"滋滋"的声音，就会让人控制不住地想要大快朵颐。

因为动物需要在短时间内获取更多的能量，所以在可选择的情况下，它们首先进食香的食物和甜的食物，也就是含脂肪和含糖多的食物。从这方面也可以解释为什么生物的机体对于营养不良有很好的恢复机制。比如当一个人发生低血糖时，会感到浑身无力、心跳加快、出虚汗，甚至会晕厥，但是只要喝点糖水，有了甜的东西，就会很快恢复。但是人类对于高血糖、高血脂却很难治疗，这是因为在漫长的生物演化过程当中，生物长期处于食物不足的状态，所以机体演化出了应对食物不足、能量不足的机制。人类通过社会分工，通过高度的社会组织化出现了食物富足的状态。而且，人类作为唯一会烹调食物的动物，经过烹调的食物更加易于消化，营养更易于吸收，使得人类营养过剩，而这段时间在生物演化的历史长河当中只是非常短暂的一瞬间，人类机体内还没有演化出针对富余营养所进行反应的机制。有人曾经形象地比喻，现代人就像是在快车道上奔跑着的石器时代人，饮食变化太快，基因跟不上变化的速度，这就是糖尿病、高血压、肥胖症等"富贵病"难以治愈的原因。

动物在进食的时候，如果食物很少当然是饥不择食了，但是只要有选择，它一定会选择香甜可口的食物优先进食。北极熊在饱食之后，如果又捕到了一只海豹，它一定会把脂肪的部分先吃掉，也就是说它会把最具营养的这部分先吃掉，而把肌肉部分留下，绝不会舍脂肪而吃肌肉。这是因为"香"的诱惑是无法抗拒的。对于人类来说，又香又甜的油炸甜食是最受欢迎的，这也是孩子们对这类食品充满渴望的原因。我们对烟火气的向往，实质上就是对香和甜的渴望，这是因为人类鼻腔内负责感知气味的嗅黏膜细胞在亿万年的演化过程中，对糖和脂肪的气味变得极其敏感。以糖和脂肪为原料的分子散发出甜味和香味，刺激着我们的嗅黏膜，告诉我们这里有高能量的美食！

大排档、小饭馆、农家乐等餐饮形式受欢迎的主要原因是其亲民的"烟火气"，让食客们可以不受严格礼仪限制、低成本地享用美食。从进化的角度而言，我们向往烟火气最深层的原因是我们的身体结构的演化是非常缓慢的，常常是以万年或者几十万年来计算的。我们的大脑、身体结构和数万年前石器时代的原始人并没有多大的区别，饥肠辘辘的原始人对能量的渴望，聚焦成为对香和甜的渴望，刻进了我们的基因。虽然现代科技和文明以及人类的知识和智慧都取得了巨大的突破，但是我们古老的大脑凭借着生存的本能仍然让我们不懈地追求食物的"香甜可口"！

　　本文或许会让很多人找到名正言顺吃肥肉的理由，从此便可以心安理得地吃上几口肥肉。但是时代不同了，虽然天性让我们渴望脂肪，但是由于人类身体进化的速度赶不上社会进步的速度，我们还是应该注意健康，控制高热量饮食的摄入。

人类为什么会发明酒？

　　古人说"酒里乾坤大，壶中日月长"，俗话说"无酒不成席"，我们现在的宴席离不开酒，在日常生活中很多人也愿意喝上两口。饮酒已经成为人类生活方式和文化的一部分了。据考古学家研究，远在新石器时代早期，人类就开始饮酒了，据说已经有9000多年的悠久历史了。

　　但是人类为什么会发明酒呢？

　　世界各地都有酒，也可以说酒是多点起源的。中国有白酒、米酒，欧洲有啤酒、红酒，世界各地、各种品牌、各种风味的酒不胜枚举。这说明世界各地各个民族对酒都有需求。那么为什么世界各地都会不约而同地发明酒呢？为此，我曾经和一个历史学家探讨过。历史学家给了我一个答案：喝酒可以有仪式感。当时听后恍然大悟，如果宴席上没有了酒，也就没有了仪式感。比如开席的时候要大家共同举杯，要有干杯的仪式。尤其在山东喝酒，仪式感非常强，比如说客人按照重要性分为主宾、次宾、三宾、四宾……相应地就有主陪、副陪、三陪、四陪……餐厅的大门要正对着主陪，副陪则背对着门，负责接菜。席间，谁要负责陪好谁，都有明确分工。尽管酒场上的规矩和礼仪繁多，但是作为孔孟之乡，尤其是济宁的曲阜，有着几千年的文化传承，大家都严格遵守这些规矩礼仪也就不足为奇了。

自然界中也有酒，动物们也喜欢喝酒。在自然界中，很多的果实，比如樱桃、苹果、桃子等，如果成熟后不及时采摘，成熟到一定阶段就会自然发酵，从而便有了酒味儿，实际上这也就是最原始的酒。很多的动物也喜欢吃这样有酒味儿的果实，猴子吃这种果实，吃得酩酊大醉，走起路来晃晃悠悠，找个地方就睡下。有的马儿也喜欢吃这样有酒味的草种，吃到最后也是晃晃悠悠地走路。就连鸟儿也喜欢吃熟透了且有点发酵的水果，然后醉醺醺地一不小心从树枝上跌落下来。那么动物为什么也喝酒？这单纯地用仪式感就很难解释了。动物们愿意吃这种有酒味的熟透了的果实，是因为这时候的果实含有糖和乙醇这两种物质，意味着果实的成熟，更意味着其中含有更多生存所需的能量。

现在的科学研究证明，酒是有兴奋神经作用的。当我们少量饮酒时，中枢神经系统中的酒精浓度会轻度升高，此时酒精对我们的大脑皮层起到轻度抑制作用，表现为轻度兴奋、言语增多、甜言蜜语等。然而过度饮酒后，中枢神经系统的酒精浓度极度升高，大量的酒精就会抑制我们延髓的呼吸中枢。这时，我们的呼吸运动就会停止，很容易造成死亡。在酒场上有人根据饮酒时说话的情况将饮酒后的状态分成4个阶段：甜言蜜语期、豪言壮语期、胡言乱语期、不言不语期。这实际上就是大脑皮层由兴奋逐渐转为抑制的过程。所以说，小酒怡情，大酒伤身，点到为止，尽兴即可。"酒饮微醉后，花看半开时"，喝喝小酒聊聊天，不仅可以陶冶情操，还能增进感情。

现代脑科学的研究也发现，酒精可以和脑内的几种不同神经递质相互作用，可以激活内啡肽系统。而内啡肽会让人产生愉悦和欣快的感觉，可以抗焦虑、抗抑郁和抗神经衰弱。这也可以解释为什

张丽丽 绘

么饮酒会产生适度的极乐效应。当然，一味地追求这种极乐效应，也就是成瘾的前奏了。

据统计，现在15岁以上的中国人每年平均饮酒量是7.2升纯酒精，这是一个相当惊人的数据。神经科学的研究也证明，通过一系列的神经通路的反应，酒精最终会让脑内一个叫作外侧缰核的地方兴奋，缰核的作用是加强对过去恐怖事件的记忆，与抑郁的形成有关。这或许就是以酒浇愁愁更愁的原因了吧。

我曾经猜测，酒的发明一定是在"地主家有了余粮"之后。如果粮食不够吃，怎么会用粮食酿酒呢？最初的酒应该是"地主家"储存的余粮时间久了，自然发酵产生的一种液体，而远古的先人们又舍不得浪费，试着尝了尝，尝了之后会令人感觉很兴奋，有了愉快的感受，所以也就开始有意识地制造酒了。

由此可见，发明酒的原因应该是古人对能量的追求和对神经系统的兴奋以及仪式感的追求。把这几方面的需求结合到一起，酒的发明也就有了"必需"的理由。

吃饭的座次

　　中国的"吃"文化是极其讲究的，宴请时宾客的座次就是其中一项。通常主人的位置是正面对着门的，主人的右手边是最重要的客人，左手边则是相对次要的客人。"好客山东"，山东是孔子的故乡，也是最讲究宴席座次的地方。按照山东人的规矩，主人的对面坐的是主陪，主人左右两侧宾客的旁边则安排了副陪和三陪。当然这个座次并不是一成不变的，对于年长的、职位较高的或声望卓著的宾客，通常会将其让在主座。座次逐渐变成敬酒的顺序、吃菜的规矩等，不一而足，也就成了文化。

　　但是凡事都要有度，一旦过度了，夸张了，就给人一种故弄玄虚的感觉了。就好比吃西餐，经常有人强调一定要左手持叉右手拿刀，还有很多培训西餐礼仪的讲座。但是许多人就是记不住用哪只手持叉，哪只手拿刀。追根溯源，法式大餐的礼节从法国大革命开始，是新兴的资产阶级掌权之后，为了证明自己不逊于贵族，而将吃饭弄得很复杂，建立了一系列令人眼花缭乱的繁杂礼节，借此显示自己出身的显赫、血统的高贵和知识的渊博。总之就是为了证明自己"是二班的班长，不是一班（一般）的战士"。

强调左叉右刀是对西餐的一种玄化，其实只要按照自己的生活习惯使用就行了。多数人不是左撇子，用左手拿刀切肉自然很别扭。而左手用叉将肉固定住，右手用刀切最方便顺手，顺其自然就好。

　　如果是正式活动，座席就更有严格的讲究，通常以右侧为尊。正因如此，在古文中"左迁"就是贬官的意思。李白有一首诗《闻王昌龄左迁龙标遥有此寄》，就是李白听说好友王昌龄被贬到龙标（现湖南黔城）而表示关切所写的。

　　座次的起源如今已经不可考了，孔子当年也只是恢复了周礼，并没有制定这种座次礼仪。我认为应该是在更原始的社会，甚至在文明起源之前就应该有了这样的位次等级观念。我们或许可以根据动物的表现揣测一二，比如有着明显阶级等级的狮群，捕食之后一定是狮王先用餐，其次是地位较高的母狮子，最后才是地位比较低

张丽丽 绘

的母狮子和小狮子。

有一次在海南逛动物园，园长带我进入一座允许人们近距离接触猴子的猴山，这次的经历让我亲眼看到动物的等级制度。在投喂猴子的过程中园长告诉我，猴王都是高高在上的，坐在远处俯瞰全场，对于游客的投喂表现得不屑一顾，因为它从来不会缺少美食，根本不饿。能够靠近游客捡拾食物的，甚至敢于从游客手中抢走食物的则是地位较高的猴子。而地位较低的猴子则不能上前，即使投喂的食物落到了眼前也要看地位高的猴子的眼色。一旦地位高的猴子发出警告的声音，这些地位低的猴子就只能把伸出去准备拿食物的手缩回来，眼巴巴地看着，一动不敢动，待其他猴子吃饱喝足，它们才能捡一些剩下的残渣饱腹。

我有意识地把食物投给远处低眉顺眼不敢上前的猴子，果然，只要其他地位高的猴子发出恐吓的声音，地位低的猴子即使抢到食物也会赶紧扔下。从猴子走路的姿势上也可以看出它在猴群里的地位，尾巴高高翘起的猴子一定是高级别的猴子，地位低的猴子是不敢翘尾巴的，而是把尾巴低微地垂下来以表示臣服。但是后来我也了解到"王侯将相宁有种乎"，年轻的雄性猴子一旦长大，自认为了不起的时候，就会挑战猴王的地位。也有体力中等的猴子会结成联盟，通过合作形成强大的力量，挑战猴王，获得更好的食物以及和雌性交配的权利。一只猴王通常可以统治猴群一两年，所以整个猴群不断变换大王旗，也是一"猴"得道，鸡犬升天。一旦出现新的猴王，"一朝天子一朝臣"，那些与新猴王关系近的猴子，在猴群中的地位自然也就提高了。也有的猴子情商高，懂得如何处理"猴情世故"，通过给潜在猴王理毛提前处好关系，等到新猴王"登基"之后跟着提高在猴群内的社会地位。有人的地方就有江湖，有猴子的地方也有猴群的江湖。规则都是由强者制定的，在猴群中，猴王就是规矩的制定者，群猴都需要臣服于猴王，母猴也争着和猴王交配。

通过制定猴群等级，可以减少身体的对抗，按照等级分配资源，既分配食物资源，也分配生育资源。

不仅群居的哺乳动物有这样的社会规则，群居的鸟类也同样有着等级森严的社会规则。青年学者王大可（笔名）在她的著作《它们的性》一书中介绍了她对原鸡的研究成果。原鸡是家鸡的祖先，在海南的野外现在还经常能看到。原鸡的社会群体中存在"线性啄序"，每只鸡在群体中都有自己的排位，地位高的原鸡可以优先占有资源，操纵地位低的原鸡的生活。"啄序"这个名词很有意思，画面感很强，一下子就能让我们想象出不按照规矩办事的原鸡会遭遇什么样的惩罚。王大可也观察到很多试图打破旧规矩、建立新规则失败的原鸡的命运，有的眼睛被啄瞎，有的鸡冠被撕掉，也有的屁股被啄烂。总而言之，失败者即使保住了性命，也会因为身体的缺陷而永远处于群体的底层。

在群居动物的群体中建立这种等级制度，对动物的整个群体实际上是有好处的。研究发现，在鸡群中，等级稳定的群体往往生长速度快，产蛋量也大。这是因为在等级不稳定的鸡群中，个体之间经常性的格斗拼杀会消耗掉很多宝贵的能量。另外，在等级制度下，赢者通吃，不再需要为了地位而把精力放在打斗上，强者优先进食、优先选择配偶，能够保证群体内最强者的基因得以传承，产下强壮的后代，也有利于种群的保存和延续。而处于服从地位的个体也可以通过服从而避免打斗，不至于遍体鳞伤。

美国埃默里大学的弗朗斯·德瓦尔教授在他的著作《黑猩猩的政治》一书中曾经说过："政治也许比人类的历史更久远。"从动物的行为来看，等级观念应该在猿与人分化之前很久就已经存在了，随着社会分工和等级的出现，逐渐就出现了各种各样的不成文的规矩，大家依规矩行事，就可以减少冲突，提高办事效率。当今社会中有各种各样的规矩，其发源可能就是从几百万年前古猿进食的顺序开始的，从进食顺序逐渐发展成尊老、尊长、爱幼等社会规范，并进而形成了整个人类社会的道德规范和信仰，也逐渐形成了为了维持道德规范和信仰而制定的各种仪式及典礼。

"没有规矩不成方圆"，人类社会还离不开各种各样的规矩。我们和动物一样生活在群体中，而群体中的规则是最有效的管理方式，管理制度都需要严格执行，因为这些规矩都是通过以往的经验教训逐渐完善的。比如，曾经发生在大连上空的"5.7空难"，一名乘客违规携带易燃液体，导致飞机迫降、乘客罹难。从此，全世界的航空公司都对乘客携带的液体物质进行了严格的管控。当然会有人对此不理解。我也常常在乘飞机安检的时候，看到一些乘客因为不让带液体登机而与安检人员"讲理"，他们殊不知这许多不被理解的规矩背后，都有着惨痛的教训。不遵守规则的人不胜枚举，也许侥幸没有造成什么大的影响，但是如果我们遵守规则，那必然能避免更多的事故发生。

我在美国做人体展览的合作伙伴是美国第一展览公司的创始人兼CEO，叫作阿尼盖勒。在阿尼盖勒的带领下，他们先后进行了几次探险活动，将沉没在大西洋底3400米深处的泰坦尼克号上的数以万计的物品从水下打捞上来，然后进行脱盐防腐处理，最后设计成一个故事性很强的泰坦尼克号展览。我也曾有幸在阿尼盖勒先生的库房里亲手触摸过这些泰坦尼克号事故的遗物。在触碰到它们的瞬间，我陷入了沉思，思考这场海难的细节之处。在泰坦尼克号与冰山碰撞之前，哪怕只有一个人严格遵守规则履职，就可以避免悲剧的发生。然而众人的疏忽，最终酿成了这一历史性的悲剧。

规矩固然烦琐，但是无规矩不成方圆，有规矩守规矩，减少不必要的摩擦和消耗，我们的社会才能安全正常地运转。

劝君酒后可反刍

　　家中的老妻没经过我同意就带了一只小小的泰迪犬回到家里，起了个名字叫作"萌萌"。我在家里的地位一直是排在最后的，家里多了一位能跑能跳能喘气的生物，我的家庭地位就又要后移一位了。出于维护自己家庭地位的想法，我表示反对，但是反对无效。但真应了那句话，宠物狗不管你喜不喜欢，只要把它带回家就可以了，剩下的事情它自己就会解决。

　　这只名叫萌萌的小狗真是狗如其名，每天晃着小尾巴，在你面前用一种让人不由得产生怜爱的眼神一声不吭地直愣愣地瞅着你，果然没用上几天就把我俘虏了。每天下班一进家门，小狗总是急急忙忙、目不斜视、冲刺一般、认认真真地跑到你面前，一边摇晃着尾巴，一边在你腿边蹦跳着和你打招呼。这已经是我每次进入家门的固定欢迎仪式啦。从它那认真的态度和不顾一切的样子来看，好像这是它狗生当中最重要的事情一样。每次它都是晃着尾巴蹦蹦跳跳地在你面前卖萌，样子非常惹人怜爱。现在我对萌萌充满了喜爱，如果出差几天不见它，还会感到有些想念。在家吃饭的时候我也总愿意把一些食物，尤其是我喜欢的美食喂给小狗。当然了，这样的溺爱也让它养成一个习惯，就是每到吃饭的时候，总要蹦到我的椅子上。如果我忽略了它，它就会吭吭唧唧地发出不满的声音提醒我注意它的存在，撒娇要吃的。但这也带来另外一个后果，就是每当它吃多了或者吃了不合适的东西，就会呕吐。但是每次呕吐之后，它又可以蹦蹦跳跳，一切如常了。这让我意识到，原来呕吐对于狗而言并不见得是伤害，而是一个很好的保护机制：可以把过多的食物吐出来，避免消化不良；也可以把吃得不合适的东西吐出来，避免胃肠道疾病。

呕吐确实是动物界常见的自我保护方式之一。比如，蟒蛇在吞吃了体型较大的猎物之后，常常需要静静地休息一段时间，等待食物被消化。如果这个时候遇到惊吓，它会缓缓地再把食物吐出来，这样可以减轻身体的重量，有利于降低负重，使得身体更加灵活和富有攻击性，有利于防御或者快速地转移逃跑。

呕吐对于许多鸟类来说是繁殖时喂养幼鸟的重要手段。企鹅每次外出寻找食物都要走几十甚至上百千米的路程，捕到食物就直接吞咽到胃里。回来哺育幼小企鹅的时候，就会从胃里把半消化的食物吐出来喂食。

猫头鹰等肉食性鸟类还有一个习惯，就是捕食后会呕吐出"毛球"。现存的鸟类都是没有牙齿的，这是为了适应飞行的需要，尽可能地降低体重，不仅骨骼变得很薄很轻，连牙齿都退化了。而且颌骨也相应地变小了，相应的咀嚼肌也都退化了，体重降低了很多。牙齿退化之后，为了把食物磨碎，鸟类进化出嗉囊，需要经常捡食小石子。在嗉囊里，小石子和食物一起研磨，把食物磨成碎片。猫头鹰常以老鼠或者小型鸟类为食，这些猎物的毛发及骨头则是非常难以消化的，它们慢慢在嗉囊里变成了一个裹挟各种残渣的毛球。猫头鹰没有办法消化毛球，并且泄殖腔又过于狭窄，根本无法排出这么大的毛球。所以这些不被消化的食物残渣就会以毛球的形态从

宋杨 绘

猫头鹰的嘴里呕吐出去，这个时候呕吐成为排泄食物残渣的方法。我国古人就已经观察到了这个毛球，他们称之为"胏"，音wěi。现代的生物学家将这个毛球称为食丸、食茧或者呕吐团。鸟类学家们常常会寻找这些毛球并进行分析，从而了解这些猛禽的生活习惯和它们到底吃了什么食物。

对于牛、羊、鹿、骆驼等偶蹄类食草动物，当它们休息的时候，嘴巴总是不停地咀嚼，这其实是通过呕吐把吃进胃里的草料再送回口腔咀嚼的过程，把草料磨碎，使草料变细、变软，有利于进一步消化。我们把食草动物的这种"呕吐"叫作反刍。反刍就是指偶蹄类食草动物进食一段时间以后，将半消化的食物从胃里返回嘴里再次咀嚼的过程。反刍使动物可以大量进食，提高进食的效率。反刍的过程和机制实质上就是"呕吐"。

看电影的时候，电影里如果出现年轻的女主角呕吐的情节，观众们就会知道，女主角一定是被导演"安排"怀孕了。孕吐在电影和电视剧中几乎千篇一律地成了表现女主角怀孕的手法。在现实生活中，做过妈妈的女性们常常对"孕吐"谈之色变。孕吐常常发生在怀孕6周到3个月的期间，发生孕吐时，有的孕妇痛不欲生，频繁的呕吐令其简直怀疑人生。但是科学家却发现，发生孕吐的时间恰恰也是胎儿发育的最关键的时期，而且发生严重孕吐的孕妇在怀孕3个月后的流产率很低。临床调查证据表明，在怀孕头3个月内没有出现"孕吐"的孕妇，其自发性流产的概率是出现过孕吐的孕妇的3倍之多。所以有的科学家推测，孕吐可以使胎儿在生长发育的关键时期减少对不良食物的毒素的接触，有利于胎儿的成长和发育。而且这个时候胎儿还很小，不会因为母亲的呕吐而造成营养不良。过了这段危险期，母亲将不再呕吐，而变得食欲大开，可以为胎儿提供足够的生长所需的营养了。

现在的观点认为，"孕吐"是演化过程中形成的一种精巧的保护机制，可以在恶劣的自然条件下解决胎儿在未出生之前所面临的生存危机。原来亿万年的演化让我们身体的各种反射和反应都对身体有着这样或者那样的好处！

在我们脑干中有一个叫作"网状结构"的部位，是神经系统中非常古老的结构，"呕吐中枢"就位于网状结构当中。呕吐中枢控制着呕吐反射。

如果有人把蛋糕或巧克力做成逼真的粪便的形状和颜色，你会吃吗？大概率你会感觉到恶心，而不会尝试吃它，甚至有人会呕吐。

"看着就恶心""想吐"，就是在呕吐中枢的控制下产生的一种行为，这也是经过亿万年演化赋予我们的一种保护机制，可以避免误食有毒有害的食物。

进化心理学认为，恶心和厌恶是一种在演化过程中形成的防止疾病传播和应对生存危机的情绪反应。世界各国调查数据也表明，全世界最令人恶心的物质是粪便和身体的各种代谢物。而粪便和身体代谢物就含有很多的有害物质和病菌。也有研究发现，令女性产生厌恶和恶心的物质要比男性多很多，女性对这些物质更敏感，恶心的情绪反应更强烈。这可能与女性需要照顾婴儿和低龄儿童，要保证自己和孩子远离疾病有关。

喜剧《没完没了》中有一经典桥段，大伙围着由傅彪扮演的阮大伟问："大伟，想吐吗？"已经喝醉的阮大伟闭着眼睛说："想，那我也不吐。舍不得，十三，路易的……"话毕，便紧紧抱着路易十三的酒瓶子，呸巴着嘴，一脸满足地进入梦乡。

我有一个压箱底的谜语，最适合在酒桌上提问。谜面是"能喝三两喝半斤"，打一个动物。谜底是兔（吐）。最叫绝的是这个谜语还有第二集，可以在把第一个谜语解谜之后再提问，照样可以把人问倒，而且解谜之后还会让大家哄堂大笑。第二集的谜面是"能喝半斤喝八两"，还是打一个动物。谜底是野兔（也吐）。

醉酒之后的呕吐其实也是人体的保护反应，呕吐可以减少人体对酒精进一步的吸收。虽然我们应该饮酒有度，不应该喝醉，但是万一喝醉了，吐出来还是对身体有好处的。如果说酒后呕吐不雅，可以改称为"酒后反刍"。

鱼子酱

　　记得小时候看过一本俄罗斯名著，时间久远，已经想不起来书的名字和内容了，但是其中的一个细节却深深地印在了我的脑海里。书里提到过，主人公吃早餐的时候，会在面包上抹上一层厚厚的鱼子酱。少年时期的我，对这句话充满了好奇和向往。因为那时候的我没有机会见到鱼子酱，更不要说吃过鱼子酱了，只是头脑当中会想象，那一定非常好吃。在那全民生活都很困难的年代，我父母虽然都是工人，但由于我母亲是在中华人民共和国成立前就参加革命的，收入在工人当中还算可以。家里又只有我和妹妹两个孩子，负担比较小，所以我小时候吃得相对还比较好。我最喜欢吃的就是把刚出锅的白白的馒头切成片，然后在上面抹上一层软软的豆腐乳。一口咬下去，馒头的香和豆腐乳的鲜混合在一起，这份独特的口感让童年的我幸福感十足。在我的想象中，面包抹上鱼子酱，应该就是这种幸福的味道。

　　白驹过隙，时代变迁。现在的我，面对早餐的烤面包，总是愿意在上面抹上一层大马哈鱼子，感受一下少年时期留给我深刻印象的那个情景，品味一下茫茫大海带来的别样鲜美的味道，当然也同时比较一下馒头抹上豆腐乳的味道。

　　小时候的我很喜欢吃鱼，每当吃到鱼子的时候，妈妈总是逗我说，你这下子可是吃掉了一船的鱼啊。因为这些鱼子如果可以完全顺利地孵化，便成了成千上万条鱼，当然就是满满的一船了。但那时年少的我，感觉这句话非常有道理，却不知道并非全部的鱼子都能长成鱼，其实这当中只有很少数量的鱼子才能存活孵化成鱼。即使是吃了再多的鱼子，也达不到吃掉一船鱼那么夸张。

孙豪冰　绘

要说在鱼类中，最能产卵的当属翻车鱼了。翻车鱼的鱼卵只有1毫米大小，像一粒小米。但是翻车鱼的成鱼体型巨大，体重可以达到2~3吨，所以翻车鱼是体型变化最大的鱼，也是现存最重的硬骨鱼。翻车鱼一次能够产卵3亿枚，是一次性产卵最多的鱼。按照这个数目繁殖，那么很快海洋表面就会铺满愿意晒太阳的翻车鱼。但事实并非如此，并不是每粒卵都能够按照鱼妈妈的意愿孵化和长大。而且，在残酷环境中长大的翻车鱼妈妈深深地懂得"只有大家好，自己才能好"的道理，当然也深知，每一颗鱼卵都是其他生物喜爱的富含营养的"鱼子酱"，只有充分满足了其他邻居生物的口腹之欲后，才能有几颗幸运的鱼卵侥幸存活下来，完成种系延续的历史使命。由于产出的鱼卵漂浮在水面上，大多变成了其他海洋生物的"盘中餐"，或是受水温变化等各种环境因素的影响，导致最后的孵化率很低，能够侥幸活到成体的只有个位数。大量的排卵，是海洋当中很多生物进行传宗接代的一种常见方式。因为残酷的海洋环境里天敌很多，所以很多生物采取大量繁殖的方式维持种系的延续，凭着概率，总会有幸运儿成功长大。这些幸运儿凭借的不是个体的努力或者优势，完全就是靠着侥幸。而只有产卵量大的个体，其后代成为幸运儿的概率才会更大一些，代代相传，产卵量也就越来越大啦。

这样的例子还有很多，比如说，在某一个月明星稀的夜晚，亿万珊瑚的生物钟同时启动进行排卵或排精，立刻在海中交织漂荡着大量卵子、精子以及受精的珊瑚卵。对于珊瑚的天敌来说，这是一个大快朵颐的好时机，然而天敌的食量总是有限的，总会有吃饱的时候。虽然大多数珊瑚卵被吃掉了，但是有一些幸运儿会存活下来，选择到适合的环境落地生根，生长发育，组成下一代美丽的珊瑚王国。

谈到此处，还要提一下海龟，它也是大自然中一个很神秘的物种。海龟会在同一时间，从四面八方同时游回它们的出生地，同时产卵，也同时孵化。新出生的小海龟实际上是很悲催的，它永远没有机会见到母亲，每一只小海龟都是孤儿。海龟妈妈只负责"生"而不负责"育"，甚至都不会看自己的孩子们一眼，没有任何亲情。沧海可以变成桑田，岁月的风吹雨打已经足以证明温情并不能帮助海龟传宗接代。在自然界中，活下来是硬道理，在数亿年的生存竞争中，海龟依然能够"笑傲江湖"，就证明了其凭借群体优势保证后代存活的繁殖方式是有效的。

海龟妈妈产卵之后，会用沙子把卵埋起来，这时候它的生育任务就已经完成，随后它就返回大海过自己的生活。而海龟的卵，从妈妈肚子里排出，埋进沙土中的那一刻起，就只能开启自生自灭的生存模式了。小海龟从出生就注定了没有妈妈的保护，需要独自面对残酷的世界，独自寻找生存的机会，需要通过自己的努力奋力游向广袤的大海。而从出生地到海滩，这短短几十米、上百米的距离，对于海龟来说却是生死攸关的。小海龟们在绝望中只能依靠自身，努力拼搏出一线生机。因为在走进大海的过程中，大量饥肠辘辘的海鸟、野猫、野狗，甚至海滩上的螃蟹等生物都会抓住这难得的"食堂开饭时刻"，把新生的、稚嫩的小海龟作为可口美食狼吞虎咽地吃掉，真正能够游进大海获得生存机会的小海龟少之又少。但是正是由于成千上万只新生小海龟同时出现在海滩上，这才使得守候在海滩上的饥饿的掠食者们应接不暇，即使加快进食速度，也来不及将所有的小海龟统统吃掉。正是大量新生小海龟的牺牲，才换来了极少数幸运的小海龟的生存机会。

这种通过牺牲大多数个体的生命，换取极少数个体存活的群体效应是大自然中生物获得个体生存，尤其是种系延续的重要手段。可能有人要问动物们是怎么知道都要在某一时间繁殖的？这实际上是亿万年自然选择的结果。在生命演化过程中，最初的繁殖时间应该是随机的，只是有的时间繁殖的个体多，有的时间繁殖的个体少。

而经过逐渐地发展，动物们发现在繁殖个体多的时间产卵，可以有更多的幸运儿存活下来，那么这些幸运儿的基因，也逐渐被遗传下来。而在其他时间产卵的个体，由于每次幸存的比较少，一代代传下来，越来越少，直至完全被淘汰。经过亿万年的演化，便成就了如今这种让大家感觉很神秘的集中繁殖的方式。

从鲁菜馆的幌子说起

小的时候，我隔壁的大爷姓李，是国营饭店的领导，也是一名资深的老厨师，所以我经常听李大爷讲一些饭店大厨的故事。

电视剧《闯关东》有这样一段情节，朱开山开了个山东菜馆，开张第一天，潘五爷就以其未做出"爆炒活鸡"为由摘了山东菜馆的幌子，后来潘五爷又派假叫花子们三番五次去闹事，朱开山非但没动怒反而仁义款待，最终被感动的叫花子说出了"爆炒活鸡"真正的秘方，朱传文经过反复试验终于做出了"鲁味活凤凰"，这才立住了自家菜馆的幌子。

鲁菜饭馆的幌子到底有多重要？为什么朱开山对于潘五爷摘了他的幌子不敢怒也不敢言？

幌子是什么？在过去是用布帘缀于竿端，悬于门前，是饭店的门面招牌。幌子的数量可不是随便挂的，是有等级区分的。挂一个幌子的是小店，以主食为主，比如饺子、包子、馄饨、面条、米粥之类，类似现在单纯的饺子馆、拉面馆、包子铺等；挂两个幌子的一般就可以有拼盘，拍个黄瓜，切个咸鸭蛋，炒个花生米，拌个粉丝等；挂 3 个幌子的就可以有炒菜了，几个朋友可以在这里小聚一下，喝点儿小酒；挂 4 个幌子的要南北大菜都拿得出手，不仅可以朋友小聚，还可以办酒席了；挂 5 个幌子的要精通完整的鲁菜菜系，得有客人点什么菜馆就能给做什么的本事了，这是挂幌子的最高等级。当然还有 8 个幌子的，以前叫作八大幌子饭店，那就是餐饮业的顶级档次了，从山珍到海味，只有客人想不出的，没有饭店做不出的菜。就像我们现在的星级酒店，最高评级是五星级，但是在迪拜的帆船酒店，被网友称为"七星级"酒店，那摆明是酒店服务的最高档次了。朱开山在一个地方小镇里能够挂出 4 个幌子，显然这已经是在当地叫得响的顶级饭庄了。

宋杨 绘

虽然朱开山挂的是4个红色大幌子，可在他的心中，就是要做顶级的门面。既然幌子挂出来了，就是告诉大家鲁菜系随便点，然而他却没听过"爆炒活鸡"这道菜，那就不能怪别人拆了他的台了。这不仅是幌子，也是诚信，是鲁菜馆的规矩。当然潘五爷的"爆炒活鸡"也并不是凭空捏造的，朱开山是深知鲁菜中幌子的规矩的，所以一个光明正大地踢馆，一个只能理亏配合。就像星级酒店的设施和服务一定要配得上这个级别一样。挂出来4个幌子，却做不出顾客点的鲁菜，这幌子按照规矩就要摘下来。遇到脾气暴躁的人，把馆子砸了也占理，店主只能忍着。

过去的鲁菜饭店讲究"师承"和"守制"，是没有菜谱的，大家点菜都是按照约定俗成的名字或者一直流传的庞大的鲁菜系。这幌子是饭店级别不假，鲁菜取名字也是一门艺术。如果说"爆炒活鸡"还能猜到原材料，那"请客不到"和"倒霉"又是什么呢？这里还有另外两个小故事。

从前，有个财主请客，为了显示诚意，特意将地点选在了有5个幌子的大饭店。但是到了约好的时间，一个客人都没来。财主自己等了很久，心中的郁闷可想而知，于是财主叫来了店伙计，一拍桌子说："给我来个'请客不到'。"伙计懵了，这是个什么菜啊？没听说过啊，一路小跑去问厨子，可厨子也仅仅是听过，对做法却一无所知。伙计又一路小跑去了大师傅家，大师傅一听，二话不说赶到饭店，用猪肝、猪肺、猪心切片后一起熘炒，然后告诉伙计："上菜。"伙计看了更是一头雾水，这时候大师傅见伙计疑惑，便说："你看，这材料是'肝、肺、心'，那就是'白费心'啊，不就是请客不到嘛！"说完哈哈大笑，伙计一拍脑门，原来是这么个"请客不到"啊。

鲁菜的取名不仅寓意颇多，连吃法也颇有讲究，有的菜人家做了你却不会吃，那便是对厨师的不尊重，就要受到厨师的惩罚了。

话说有位先生，他也到了这个有 5 个幌子的鲁菜馆，叫来伙计要点菜。先生说自己最近运气不好，需要转运，张口就要一道"倒霉"。这次不仅难住了伙计也难住了大师傅。于是大师傅亲自到烟馆，请正在优哉游哉吸着水烟的祖师爷出山。祖师爷听说事由之后，起身将烟袋别在腰间，趿拉着鞋就来到餐馆。伙计们赶紧过来围观，只见祖师爷用面做了个小面盒，盒中放个小面人，再用面做了一个盖子盖在小面盒上。然后把这一套面品分别下油锅炸，炸好了就喊着伙计上菜。祖师爷这时候拿起一把小火铲，放到背后，跟着伙计一起来到餐桌前，看看客人如何进餐。因为按照鲁菜的老规矩，转运菜如果吃的程序不对，是犯忌的，这个时候厨师是有权利教训客人的。只见点菜的先生见到面盒，二话不说，拿起筷子就把面盖推到一旁，再用筷子对准小面人的胸部扎了一下。祖师爷见状，转身回了屋，伙计忙跟上，追问祖师爷这是怎么讲的？祖师爷坐下，缓缓道："这道菜讲究的是吃法，面盒里放面人取意是棺材，是官与财的谐音，人家会吃啊。"那先生是来点菜转运的，所以这道"倒霉"也就是一道转运菜。

小时候，我的邻居大爷还给我讲过另外一个有趣的故事，它发生在 20 世纪五六十年代北京一家可以接待外宾的大饭店里。据说有一位华侨在这个饭店吃饭，感觉价格非常便宜。服务员说我们这里也有贵的菜，然后华侨问，那最贵的菜多少钱？答案是200 元人民币。在那个年代，普通人的工资也就是四五十元，200元就相当于普通人 4~5 个月的工资了，所以这个价格是非常高的。然后华侨就说："那你就给我来这道菜吧。"服务员说："这道菜不能马上吃到，必须预约。"这样，华侨就交了钱，预约了这道菜。

到了约好的日子，华侨来到饭店，不一会儿菜就上来了。它看起来像是一盘细碎的粉条儿，黏黏糊糊的，吃起来味道却很好。但华侨没有吃出来这是什么东西，然后就问道："这是什么菜？凭什么这么贵？"这时候服务员告诉他："这是'龙须菜'，龙须就是鲤鱼口部下方的那两个须子，这一盘儿菜用的都是鲤鱼的须子。"华侨感觉不可思议，然后服务员带着华侨来到饭店的院子里。院子里，像小山一样堆满了鲤鱼，服务员说："先生，龙须就是从这些鲤鱼身上取下来的，你要是愿意，可以把这些鱼都拉走。"

在过去的鲁菜系列里还有一道菜叫作"龙须凤爪"，这里所说的"龙须"就是指鲤鱼的须，而"凤爪"的食材只选取鸡掌下正中的一块肉。龙须凤爪是非常考究的一道菜，由于一条鲤鱼的"龙须"和一只鸡的"凤爪"非常少，做一道这样的菜，能用上百条鲤鱼，几十只鸡，可想而知价格非常昂贵。

做这道菜所用的"龙须"，准确地说叫"口须"，以前还曾经作为贡品给皇家上贡。口须是鱼的外形特征之一，也是分类学上的一个不可忽视的依据。鲤鱼的口须实际上是它的触觉和味觉器官，也有一定的嗅觉功能。鲤鱼大多生活在水下，光线不好，但是口须为其提供了很大的便利，能帮助它们寻找食物、识别食物。这些口须还可以感受到微弱的电流，感知周围其他生物发出的生物电。

做鲤鱼的时候，有的厨师会在鲤鱼侧面，头部的后方切一刀，然后从断口处的中间抽出一条细细的白色的线一样的东西，据说这样可以去除鲤鱼的腥味。其实这个结构是鲤鱼的侧线，也是鱼类所拥有的一种特殊的感受器，可以感受水流的变化。当周围有其他生物游动，或者水流经过周围的岩石产生流向的转变时，这些水流的变化都会通过侧线被鱼类感知。尤其是在浑浊的水中，视觉失去作用，侧线对水流的感受就显得更重要了。

无论"爆炒活鸡""倒霉"还是"请客不到"，都彰显了中华传统饮食中所蕴含的文化；无论龙须还是凤爪，都包含了厨师对菜品的考究和深意。随着时代的发展，灯箱彩绘、横幅花球等早已取代了传统的幌子，成为行业的标识与广告载体。在品尝美食之余，了解一下其他生物是如何用不同于人类的方式来感知这同一个世界的，也可以为我们的日常生活增添一份乐趣。

2

情有独钟

对幸福的追求是每个人的人生目标。幸福是什么？如何才能幸福？答案则是见仁见智。每个人都有不同的理解和认识，也有不同的追求。但是人们之所以能够共情，就在于即使是"情"也有内在的进化的影子。

不要对老婆撒谎

　　冰川时期是地球表面覆盖有大规模冰川的地质时期。地球历史上曾发生过多次冰川时期，最近一次是第四纪冰川。冰川时期最重要的标志是全球性大幅度气温变冷，在地球中、高纬度地区（包括极地）及高山地区形成大面积的冰盖和山岳冰川。因为冰川时期气候寒冷，食物也大量减少，很多物种都灭绝了，很多那个时代幸存下来的物种都被称作"活化石"，比如熊猫、云杉、银杏树等。而人类为什么能够从那么残酷的环境中存活下来？那是因为人类不断向南迁移，寻找更温暖的地方从而获得了生存的机会。

　　也常常会有人问，那时候的人是如何知道向南方走会更温暖，会有生存的机会呢？其实答案很简单，因为向其他地方走的人都没有活下来。演化是靠不断试错才得以实现的，试错的成本很高，错了就意味着灭亡。这听起来很残酷，但这恰恰是大自然演化的一个规律。在演化史上，"淘汰"和"灭绝"是同义词。在自然界中，凡是涉及淘汰就意味着死亡，意味着没有后代。在冰川时期人们也是随机向四周迁移的。但是只有碰巧向南方迁移的、找到温暖地区的人才能存活下来，而人们并不是通过智慧、知识或经验选择向南方迁移。在这种淘汰的过程中，偶然性发挥了很大的作用。但恰恰就是这种偶然性的不断积累，才形成了当今社会人类的一些有趣的特点。

在日常生活中，我们常常会发现，女性往往路盲比较多，而男性常常方向感很强。相反，对周围环境的变化，女性往往比较敏感，而男性却比较粗心。这些问题的答案和前面的道理差不多。

在远古时期，人们的生活比较简单，没有电视，更没有手机，生活的唯一要求就是吃，最重要的事情就是要找到足够的食物，有了食物，就能获取生命所需的宝贵的能量，就能活下来。在那个时候，食物的来源主要是狩猎和采集。

男人们常常负责狩猎，甚至要走出很远的距离去捕猎。在当时没有我们今天的中山路、北京街、侯家沟、春柳、刘家桥、星海广场等这些地名，也不存在路标指示牌，也没有北斗和GPS，当然也没有导航了。打到猎物之后，只有方向感强能够记住路途的男人，才能找到回家的方向，才能生存下来。他们能够带回来猎物，就能获得女性的欢心，就能与之婚配，留下后代。而那些方向感不强的，就会迷失方向，变成流浪汉，虽然可以浪迹天涯，但是生存率会降低，当然也很难留下后代，要被"淘汰"了。

而当时的女性负责采集果实，同时负责在家里照顾孩子、家庭。而周边的野兽、敌害非常多，所以她们对周围的环境非常敏感，比如说鸟叫声突然增加，或者突然间有不正常的味道等，她们的感知就会敏锐起来。科学家们也已经证明，女性的嗅觉要比男性更敏感。因为防御技能是生存当中最重要的技能之一，是个体存活下来的一项重要保障。所以只有当女性敏感地觉察到周围环境的不同，才能及时地发现危险，及时地进行规避，对家庭和孩子们进行保护。这样一来，只有对环境敏感的女性才能存活下来，才能很好地养育和保护后代。最初，男性的这种方向感和女性对环境的敏感洞察其实都是偶然的基因变异产生的。但是由于这种基因变异有利于人类的

刘路遥 绘

生存，有利于在恶劣的生存竞争中处于优势地位，这些变异就被一代一代地遗传下来。

　　所以男性不要试图对女性撒谎，因为女性有很强的"第六感"。当丈夫说谎的时候，会同时出现自己都意识不到的微小的变化，可能是表情变化，也可能是语气变化，还可能是一些小动作的变化等。而这些微小的变化就会被敏感的妻子所觉察。如果丈夫撒谎妻子没有发觉，千万不要认为自己高明，其实只是你的妻子不计较而已，你的那点小伎俩已经早在人家的掌握之中了。女性的这种由感知变化而来的"第六感"是经过亿万年进化才保存下来的，是极其敏感的，是铭刻在基因里的。所以作为男士千千万万不要尝试和亿万年的进化做斗争，和自己的老婆耍小聪明，而女士也不必为自己分不清方向是路盲而感到自卑了。

　　偶然性的基因突变也是自然界生物多样性产生的原因。比如，黄裳猫头鹰环蝶，这种蝴蝶张开翅膀之后，看起来很像猫头鹰的头部，这就让它的天敌将其误认为是猫头鹰而不敢吃它，从而获得保护。那么有人就要问，黄裳猫头鹰环蝶是如何知道猫头鹰的长相的，以及如何使自己长得像猫头鹰呢？实际上以蝴蝶的智力根本无法识别猫头鹰，它也根本不知道猫头鹰的长相，而是某一个祖先突然出现变异，可能在身体上长出两个大的斑块儿，看起来就像猫头鹰的眼睛一样。而吃蝴蝶的天敌是认识猫头鹰的，天敌就会误认为蝴蝶是有害的、可怕的，就不去捕食它，而那些没有变异的会更容易被天敌吃掉。所以这种变异使它获得了更多的生存机会，就会一代一代地遗传下来，并且不断加强，直至形成了一个新的物种。

　　在这方面，英国工业革命之初有一个很有名的例子。事情发生在英国的曼彻斯特，工业革命之后不到 50 年，曼彻斯特附近的白色桦尺蛾就消失了，取而代之的是原先几乎见不到的黑色桦尺蛾，而在没有工业化的农村地区，白色桦尺蛾仍然占多数。对此，进化论给出了令人信服的解释：在正常情况下，白色的树皮可以让白色桦尺蛾很好地隐蔽。而工业产生的浓烟熏黑了树皮，使得白色的桦尺蛾失去了隐蔽性，更容易被鸟发现和捕食。而此时，黑色的桦尺蛾却能够具备隐蔽性，便通过自然选择变成了多数。后来，环境得到了治理，树皮又变回了白色，白色桦尺蛾的数量又占据了多数，而黑色桦尺蛾又成了少数。动物获得了生存机会，也就获得了产生后代的可能性。那么这种有利于生存的变异逐渐积累，就会演化出一个新的物种。所以生物多样性的产生就是由于某种偶然变异出现的，有利于生物的生存，而这种变异就会逐渐积累，直至产生一个新的物种。这样就形成了我们今天五彩缤纷的生物世界，也就形成了生物多样性。

起错名字的催产素

　　在我们的印象里，"成双成对"的鸳鸯、"愿为爱殉情"的天鹅都是情比金坚的象征，从古至今无数或凄美或浪漫的爱情故事都以它们为喻，但是这些貌似动物界的"忠贞楷模"，是真的坚守一生不离不弃吗？答案是否定的。实际上，鸳鸯在失掉伴侣后短期内就会"续弦"，天鹅同一窝幼崽中会有一两只的父亲是"隔壁老王"，看到这里，是不是对洗脑了我们千百年的忠贞"偶像"失望了？其实这是自然界的生存选择，在觅食、孵育、防御等多重生存压力下，雌鸟和雄鸟为了使自己的基因得以延续达到种群繁衍的目的，在很多情况下，并不像表面那样坚守"一夫一妻制"。

　　动物界真的没有情感专一的生物吗？当然有，只不过不是鸟类，而是一种小型啮齿动物——北美草原田鼠。这种田鼠在动物王国真是有名的忠贞，科学家在它们大脑中发现了大量使它们忠贞的激素——催产素。催产素这个名词大家应该并不陌生，产科在帮助产妇分娩的时候经常用到，顾名思义，催产素有着我们最熟悉的功能——催促宫缩，加快分娩，缩短产程。

　　我在给学生上解剖课的时候，当问到下丘脑分泌的两种激素都是什么时，同学们都能对答如流，一种是抗利尿激素，一种就是催产素。这个时候，我"计"上心来，故意难为他们一下：男性下丘脑也分泌催产素吗？大家面面相觑，而我此刻就享受着他们被问住的感觉，然后我拿捏着正确答案，享受着吊着他们胃口的得意感。看到学生们急切的样子，我再放出答案。是的，男性也分泌催产素，催产素并不是女性的专利。既然男性和女性都分泌催产素，那么它的作用就不单单是使产妇的子宫收缩了，它有着另一个更重要的作用，就是调控信任和爱情。这种功效使人获得安全感和满足感，帮助生物体之间建立信任和亲密的关系，所以催产素也被称为和平激素和情爱激素。

据说人类驯养狗的历史可以追溯到 40000 年前。家有宠物狗的人都会有这样的体会，当你和宠物狗对视的时候，会格外感受到它的乖萌，并油然而生一种幸福感以及对它的保护欲，感觉就像在看自己的孩子一样。而小狗狗也能够从中感受到主人的爱意，不断地摇尾巴。其实，在与小狗狗对视的时候，主人和宠物狗体内的催产素都在大量地分泌，让彼此产生亲密的感觉。

曾经有人做过研究，让主人和宠物狗对视了一段时间之后，检测主人和宠物狗的尿液，结果发现二者尿液中催产素的浓度都升高了。这可能也是为什么很多人把宠物狗视作自己的家庭成员的原因。

恋人间的彼此凝视也让人感觉非常美好、甜蜜、幸福，他们会渴望亲吻、拥抱，产生恋恋不舍的感觉，这也是因为在此时，恋人们的体内在大量分泌催产素。

再说回北美草原田鼠，这种严格遵守"一夫一妻制"的动物，一经结合便相伴终生，不会有第三者出现。科学家们发现，这种田鼠催产素的分泌量很大，更有人进行实验，给这种田鼠注射抑制催产素分泌的物质，结果发现，降低催产素分泌量的田鼠会变得不再忠贞。也有人曾给"不忠"的老鼠注射这种"忠贞"的物质，于是这些老鼠似乎"改过自新"了。回归到我们的生活中也会发现，许多新手妈妈在怀孕的时候似乎对孩子并没产生什么感情，但是一经分娩，立刻变得母爱爆棚，并且在随后的哺乳期这种感情会不断增强，这正是因为在分娩及哺乳期分泌了大量催产素，于是成就了无数伟大的母爱。而母亲与婴儿对视的时候，母亲体内的催产素的水平会上升，从而激发出浓浓的母性，强化了妈妈对婴儿的保护欲，使得她们可以为了保护孩子而奋不顾身。

高子仡 绘

我们所有的生理功能都是亿万年伟大的生物演化的结果。母爱之伟大在演化历程中保证了生命的延续，母兽护雏，后代才得以存活。说到这，我不禁想起网上一些人类滥杀野生动物的图片，图片中作为母亲的动物即使付出生命也会努力保护幼崽。此刻，我只想说那句标语"保护野生动物，人与自然共存"，人类当反思了。

剧透很可恶

　　有这样一个笑话：电影院里正在播放一部惊险的侦探片，剧情跌宕起伏，所有的人都被剧情吸引了，都在猜测到底谁是凶手。但是有一对热恋的情侣却在不停地说话，旁边的一位观众提醒他们不要说话。被打扰的青年男女感觉很不快，其中一位恶狠狠地看了这位观众一眼，然后说了一句，"凶手就是某某某"，顿时，这位观众观看电影的欲望变得荡然无存了。

　　其实看电影，尤其是侦探片，要的就是随着剧情不断地猜测谜底，到最后恍然大悟：原来就是他！这个时候才会感觉这电影看得过瘾，周身舒爽，值！而一旦提前剧透，知道了谜底，看电影的时候就会没有了猜测和探究谜底的意愿，看电影的愉悦感也就降低很多。所以，在这个笑话里，提前剧透应该属于"恶狠狠地报复"了。

　　也曾有这样的故事，一对年轻的初恋情人山盟海誓，爱得死去活来。但是阴错阳差，两人却不得不分手，没有结成美好姻缘。几十年过去，初恋的记忆始终萦绕在两人心中，美好和甜蜜终难忘怀。有幸在暮年两人又得以相见，埋藏于心的情感被再次唤醒，四目相对热泪盈眶。然而故事还有另一个版本，两人数十年后得以重逢，但面对彼此容颜的衰败，早已不是当年的青春记忆，缠绵在心中的美好形象瞬间崩塌，重逢充满了尴尬和失落，倘若不见，留在彼此心中的永远是那个年轻、帅气、漂亮的形象，而不是现在满脸皱褶、步履蹒跚的样子。

1957 年，伦敦附近伦韦尔医院一个实验室的研究员凯瑟·蒙塔古在大脑中发现了多巴胺分子。后来瑞典的神经科学家阿尔维德·卡尔森发现多巴胺是大脑中的一种重要递质，并于 2000 年荣获诺贝尔生理学或医学奖。

多巴胺被认为是一种"开心因子"，也被称作"欲望因子"。当人们谈情说爱或听优美的音乐时、吃甜品时、疯狂购物时，意外地在旧衣服兜里发现现金时……多巴胺的分泌就会增多。运动也会促进多巴胺的分泌，所以忧愁的时候不妨去锻炼一下，这会让你感觉好很多。总而言之，凡是你感觉快乐的时候多巴胺的分泌都会增多。多巴胺的作用就是让你充满激情，充满希望，开心，快乐。也难怪有人说，我们人生的不断奋斗就是在追求多巴胺不停地分泌！

神经科学家们发现，在我们的脑内有一个边缘系统，专门处理与觅食、防御、繁殖等原始、本初的功能相关的活动，是情感、内驱力、冲动和下意识决策的中枢。边缘系统中存在一条"奖赏回路"，多巴胺能激活此回路，进而驱使我们采取行动，比如进食、求偶、与后代亲近和冒险等，帮助我们生存或繁殖，在生存竞争中获胜。更加细致的研究发现，把多巴胺叫作"欲望因子"要比"开心因子"更准确。多巴胺更多地是在追求的过程中分泌，是不断要获得更多，多巴胺的口号是"永不满足"，得不到的时候才会追求，这时候才会分泌多巴胺。一旦获得，多巴胺的分泌反而会减少，感受愉悦的能力下降，人就会变得情绪低落、兴趣索然。其实"成瘾"就是因为药物可以刺激多巴胺的大量分泌。

明白这个道理，我们生活当中的很多事例也就好理解了。

宋杨 绘

外出旅游，经常见到的一个评论就是"不去后悔，去了更后悔"。遇到美食，就把节食的目标抛到脑后，"节食永远从明天开始"，等吃饱了就立刻后悔。买了新房，"这次装修要一次到位，以后不再搬家了"，可是几年之后又要换新房。

这方面的例子太多，不胜枚举。当然恋爱中的见异思迁，吃饭时要常换口味，也都是这个道理，是多巴胺的作用。一见钟情其实就是多巴胺的大量分泌！所以一见钟情的疯狂热恋之后多以失望收场，也是因为得到后少了初见的新鲜感，多巴胺的分泌开始减少了。

前文所提到的剧透和多年之后重逢恋人的失落，也都是多巴胺这种"欲望因子"分泌下降的结果。

"成绩只说明过去，并不代表现在，更不代表未来。我要继续努力，再立新功！"先进人物获奖感言经常说的这句话，从多巴胺的角度来说并不是谦恭之词，而是符合科学道理的！只有不断努力，才会不断有多巴胺的分泌！躺平是无法分泌多巴胺的！

爱情始于多巴胺，初恋的激动、迫切、希望等都是多巴胺激起的火花。但多巴胺只是"欲望因子"，所幸的是我们的脑在漫长的进化当中还产生了催产素、内啡肽这样的神经递质，这样才让我们感受到了爱情的甜蜜、愉悦和幸福，使我们安静下来，互相厮守，并逐渐由爱人转变为亲人，一起慢慢变老。

脑内多巴胺与催产素和内啡肽的彼此平衡对于我们的人生也非常重要。人生要知足，但不要满足于现状。知足，可以享受当下，享受人生，感受幸福；不满足于现状，以积极价值为导向不断地追求，追求更高、更好、更大、更强，这就是理想。我们就是要在知足和不满足于现状之中找寻我们人生的平衡，也是在多巴胺和催产素、内啡肽之间取得平衡。

亿万年的演化，让我们的生理功能不仅充满了科学，还充满了哲学！

礼物与爱情

仰望星空，地球是宇宙给人类的礼物；低头凝望，一花一叶是大自然给世界的礼物；孩子是给父母的礼物；陪伴是朋友的礼物；回忆是时间的礼物。生日需要礼物，纪念日需要礼物，谈恋爱更离不开礼物。爱情需要仪式感，礼物的赠送已经成为恋人之间表达爱意和传递情感的一种方式。

大连素来以浪漫著称，星海湾广场是大连的打卡胜地，必然也少不了浪漫元素。我居住在星海湾广场旁，闲暇时漫步在海边，我常看见年轻人追求浪漫讲究仪式感的现象，在告白或求婚的时候来到海边，提前布置好场景，邀请三五好友作为见证，而这个时候礼物就是必不可少的啦。鲜花、烟花、气球自不必说，更有钻戒或者其他珍贵的礼物作为定情信物，表达求爱者坚定不移的爱情。除此之外，恋人们在各种纪念日里也以送礼物来表达深厚的感情，这对于商家是个极好的营销机会，所以情人节等各种五花八门的节日，也让一些囊中羞涩的年轻人感到很为难和无奈。

大连有个著名的小吃，叫作"焖子"，是由地瓜淀粉加水熬制成的，但这只是半成品。吃的时候需要切成三四厘米见方的方块，放入烧得滚热的平底锅里煎，一定要煎到焖子从内到外都变成淡黄色，通体晶亮透明，上下都已结了一层黄灿灿的糊嘎儿，这样才是最好的。用锅铲盛出分成若干小碗，然后拌上兑好盐的蒜汁、芝麻酱、酱油，一阵阵异香扑鼻而来。以前是用铜丝扭成的小叉子叉起来吃，现在铜丝的小叉子已经变成了一次性的塑料小勺，感觉上不如用铜丝小叉子地道。

在 20 世纪 80 年代，焖子被大连人称为"恋爱菜"，这是因为"焖子"的价格便宜，当时只需要不足两角钱就可买一小碗，可以满足经济拮据的年轻人请恋人"开荤"的简单愿望。家里的老妻也经常开玩笑，说她是我用焖子骗来的。每到此时，我只能一边心中窃喜，一边讪笑着说："千里送鹅毛，礼轻情意重，重点在心意。"

其实恋爱中的情侣们送礼并不是人类独有的行为，在动物界也有很多动物深谙此道，通过送礼来博得心仪的异性的青睐，从而获得把基因传递给下一代的宝贵机会。

就像有的男性通过送给女伴大颗钻石来展现自己雄厚的经济实力一样，在鸟类中，也有很多品种的雄鸟会向心仪的雌鸟提供食物，借此展现自己获取食物的能力，而这是它能够成为一位合格的老公和孩子们的父亲的基本要素。一些雄鸟会经常把自己抓到的小虫子送到雌鸟口中，而雌鸟"吃人家的嘴软"，吃了人家送来的美食，然后就"小女子无以为报，只能以身相许"了。当然，如果雌鸟不满意，也会在吃了虫子之后，"小女子无以为报，只能来世做牛做马也要相报"，然后一飞了之远遁啦。

恋人们约会常常有自己的"老地方"，但是请恋人吃饭，只要条件允许，就很少有只去一家饭店反复点同样菜的情况。因为总吃一样的食物，我们会感觉"腻"，需要换换口味。

鸟类送礼也很注意"换口味"。动物行为学家们研究了松鸦的送礼行为。在实验室里，科学家们给松鸦准备了两种虫子，分别是螟蛾幼虫和面包虫。雄松鸦会观察雌松鸦进食，如果"她"吃的是面包虫，"他"会赶紧叼一只螟蛾幼虫送给"她"；反之，如果"她"吃的是螟蛾幼虫，"他"就会赶紧送上一只面包虫。后来，科学家为了让雄松鸦看不到雌松鸦进食，把喂食的餐盘遮挡起来。这个时候雄松鸦就会交替地给雌松鸦送不同的虫子，让雌松鸦"换换口味"。因此，科学家们认为鸟类很聪明，可以判断对方的"愿望"，从对方的角度思考问题。

鸟类的生物多样性是最令人感叹的，人们也常常感叹鸟类的美丽。鸟类的很多特征如果单纯从适者生存的理论来看是很矛盾的。比如，华丽的孔雀开屏，漂亮的尾巴并不利于雄孔雀的生存，甚至会成为阻碍，导致它们行动缓慢，更容易受到掠食者的攻击。1871年，达尔文出版了他另外一本影响巨大的著作《人类的由来及性选择》。在这本书里，他提出了有别于自然选择和人工选择的另外一种进化的机制——性选择，即个体根据自己的先天喜好来选择配偶，从而产生了很多讨人喜欢、赏心悦目的特征。比如，鸟类的婉转歌声、鲜艳夺目的羽毛颜色、夸张的炫耀行为，以及一些鹿的令人不解的大角等。

性选择，也使得很多动物"谈恋爱"的时候，送的礼物不再限于食物。

南极的雄企鹅就常常把鹅卵石当作礼物送给心仪的雌企鹅。为此，雄企鹅还会因为看中别人家的鹅卵石去做"梁上君子"，趁主人不备而把"漂亮的"鹅卵石偷走，送给自己的爱侣。在大水族馆里，就经常可以看到雄企鹅这种为了爱情而"偷盗"的行为，当然，什么样的鹅卵石是"漂亮的"，我们人类不得而知，因为我们实在是难以理解它们的判断标准。

还有一种园丁鸟，它可以修建一种"求偶亭"来博取雌鸟的欢心。"求偶亭"的构造极其复杂，它由树枝组成，下宽上窄。"求偶亭"外面还有一圈圆形的跑道，便于在求爱过程中转圈奔跑。在跑道外还有"求偶场"，摆放有鲜花、水果、捕猎获得的甲虫，以及各种各样园丁鸟认为漂亮的物品。最有意思的是，雄性园丁鸟会根据离"求偶亭"的距离来决定摆放物品的大小，越远处摆放的物品越大，从而让雌性园丁鸟产生视错觉，从"求偶亭"中往外看，无论远近，物品的大小看起来都是一样大的。这种艺术效果比在沙滩上把蜡烛摆成心形要复杂得多，仪式感也更强。

也有的雄性动物为了吸引异性，还会精心准备一套"豪宅"。很多的鱼类和鸟类都会建设漂亮的巢穴，这可能就是"筑巢引凤"的由来吧！雌性可以通过豪宅的豪华和舒适程度来选择心仪的雄性配偶。因为能够建设一套豪宅的雄性其智力和体力应该很好，当然也应该有好的基因。基因好坏看不见摸不到，但是一套现实版的"豪宅"却很能表现出基因的优劣。此外，"豪宅"还有一层意义，即在"豪宅"建设过程中投入的成本越大，雄性就越难以放弃。这样的话，雄性留下来和雌性一起养育下一代的可能性就越大。从这个角度来看，人类婚姻中对礼物以及住宅的需求还是有一定生物学基础的。而且有趣的是，在推测人类为什么会演化出直立行走的原因时，有的科学家就大胆地推测，用两足行走的男性古人类因直立行走解放了双手，进而可以使用工具，获得更多赖以生存的宝贵食物送给女性。而女性可能会喜欢上这些慷慨大方的男性，从而为擅长直立行走的男性留下后代。

有趣的是，动物在求爱送礼的过程中会有"骗色"的行为。

有一种名为球虻的小昆虫，在交配季节常常抱着一个丝质小球飞来飞去，丝质小球里是它捕捉的猎物。雄球虻捕捉到猎物之后，它会在猎物身上缠绕丝线，把猎物包成球状。当雄球虻在空中遇到雌球虻时，它就会把这个丝质小球递给雌球虻，并骑到雌球虻身上。等到双方落到植物上的时候，雌球虻会翻动丝质小球，吃掉里面的

孙豪冰　绘

食物，而雄球蛛就趁此机会完成交配这一"蛛生"大业。

　　但是有些雄球蛛是纯粹的"渣男"。有的雄球蛛会在捕捉到猎物之后，先把猎物的体液吸干，然后把没有营养价值的空壳用细丝包成丝球送给雌球蛛。更有甚者干脆连猎物都不捕捉了，就包一个空心的丝质小球递给雌球蛛用来"骗色"。这简直是"渣界"的极品了。

　　这不禁让我想起一个关于民国时期拆白党的故事。

　　事情发生在民国三十五年，也就是 1946 年，地点是天津的一家高档妓院。这天来了一位风度翩翩的帅哥，向鸨母石榴红提出要求，要见当时最有名气、国色天香的妓女绿蝶。帅哥见贪财的鸨母石榴红没有什么反应，就从随身携带的皮包里取出一个精致的小包袱。打开一看，里面全是黄澄澄的金条。帅哥随手拿起一根金条，丢给石榴红作为见面礼。见钱眼开的石榴红立即笑逐颜开，赶紧让下人把绿蝶请来陪同帅哥。风情万种的绿蝶袅袅娜娜地走来，帅哥的眼睛一下子就亮起来，目不转睛地盯着绿蝶。帅哥匆匆忙忙地把金条收起来，用小包袱包好，放回皮包里，又把皮包的锁给锁好，递给石榴红，让她代为保管。然后就急不可耐地搂着绿蝶的小蛮腰直奔绿蝶的房间。帅哥在这里一连住了3天，与绿蝶形影不离。而石榴红巴不得他能够在这里常住，这样帅哥所有的金条就都可以变成她的了。石榴红也借着聊天的机会了解到，帅哥是当时一位军阀的公子，专门做黄金买卖，这次到天津也是为了购买一批黄金。

第四天的早晨，吃过早餐，帅哥要带绿蝶逛街，让石榴红一起去，表示要给二人买礼物。石榴红和绿蝶心花怒放地答应了。帅哥租了一辆带司机的轿车，让司机把他们三人带到天津最有名的珠宝店。她们用了很长时间，左挑右选，最后帅哥给绿蝶买了一大堆的珠宝和金银首饰，给石榴红买了一个金佛。见到帅哥出手这么大方，绿蝶和石榴红乐得手舞足蹈，不知道如何赞美帅哥才好。

到了付款的时候，帅哥突然犹豫了一下，问绿蝶，这家店的货色是否可靠，别买了假货。绿蝶擅长打情骂俏，对珠宝和黄金的鉴别和行情一窍不通。再问石榴红，也是一问三不知。帅哥有些发愁，突然一拍脑门想起来，自己有位盟兄就住在附近，其父是鉴定大家。帅哥向珠宝店的掌柜提出要把货物拿去做鉴定。掌柜起初并不同意，但是在帅哥表示不让鉴定就去别的珠宝店之后，为了不失去这样一位大主顾，而且女眷也都留在珠宝店，也就勉强同意了。帅哥把珠宝首饰和小金佛包好，大步流星地走出门，坐上轿车扬长而去。

等了很久，没见帅哥回来，掌柜有些发慌，问绿蝶和石榴红帅哥的情况。绿蝶和石榴红此时也有些发慌，急急忙忙带着掌柜一起回到妓院，根本就没有帅哥的影子。赶紧把帅哥存的皮包拿出来割开，结果发现里面只有一些碎石头。再打开精美的小包袱，一看金条还在，但是用牙一咬才发现，金条只有外面一层薄薄的金子，里面都是锡块。三人恍然大悟，遇到了拆白党，上当受骗了！这类拆白党简直就和拿空心丝球"骗色"的球虻是一丘之貉！

前几年我的一位朋友曾经在上海办过一个"失恋展"，展出很多恋爱时期作为信物的各种礼品，以及当事人围绕着这些礼品讲述的各种各样睹物思人的失恋故事。来看展览的多数都是年轻人，估计其中很多人也正在谈恋爱。来的观众有一个特点：如果是几个人结伴来看展览，观展的态度一定是嘻嘻哈哈，似乎很不在意；如果是一个人单独看展览，则常常是悲悲切切、泪流满面。展览里都是痴情女遇到薄情男，或者痴情男遇到薄情女的故事，很容易让恋爱中的年轻男女共情，展览方是希望通过这个展览让大家对爱情和婚姻有更加清醒的认识。这个目的是否达到还不得而知，但是据说展览方的门票卖得非常好。

其实，在谈恋爱的时候，礼物是必不可少的，但是礼物是否贵重，我想有两种体现吧：一种是货币的价值，一种是情感的价值。货币价值较高的礼物不一定都有珍贵的情感内涵，情感价值丰盈的礼物，岂能用商贾的眼光来估量？一件价格可能并不很高但充满情谊的礼物，一封令人慰藉的书信，一番推心置腹的话语，一句及时有益的忠告……只要倾注了纯真挚爱的情感，它就是珍贵的馈赠。

不是所有女人都喜欢肌肉男

我还是比较喜欢运动的。简单的运动有跑步、爬山；复杂的运动有游泳，虽然泳姿我只会蛙泳，但是动作还算标准，泳速也还算可以；剧烈的运动有羽毛球，每周都要约上几位朋友或同事打上 2~3 次；也有偏放松的运动打高尔夫球，刚开始学习高尔夫的那几年我很用功，常去练习场，打球的成绩也很好。但是后来工作越来越忙，就逐渐懈怠下来，成绩也就每况愈下，也不好意思约人一起打球了，怕影响球伴的兴致。偶尔自己一个人上球场，不求成绩，不数杆数，只求一边锻炼一边享受被绿色美景环抱、脚踩松软草地的美妙感觉。

我的运动爱好始于 2001 年，当时在外企做老总，由于文化的差异，和外方越来越难以沟通和相互理解，心情很郁闷。结果体检时发现血糖升高，年纪轻轻就成为糖尿病患者。为了身体着想，我决定辞职，离开外企。但对于罹患糖尿病，我没有难过，反而有点儿庆幸。因为糖尿病属于自身免疫疾病，是人体免疫力下降导致的。而当一个人情绪压抑的时候，很容易导致身体的免疫力下降。免疫力下降的结果可以是引起糖尿病，也有可能是引起恶性肿瘤。我如果当时没有罹患糖尿病，就很有可能成为恶性肿瘤的患者了。如果那样，我可能在年纪轻轻的时候就成为一个"故事"或者"事故"啦。而身患糖尿病的我只要"管住嘴，迈开腿"，就可以很好地控制血糖。而且只要不出现并发症，糖尿病本身并不可怕。作为对吃有着执着追求的我，"迈开腿"就显得格外重要。从那时开始我就走进了健身房，开始了我的运动人生。

一晃20多年过去了，对运动的爱好让我感觉非常受益。现在如果几天不运动，我会觉得浑身不得劲。不管哪种运动，只要活动，浑身大汗淋漓，立刻就会觉得浑身充满活力，也不感觉困乏了，工作效率也能提高很多。对于各类需要练习动作的运动我学习得比较快，但是对于器械运动，我却总是感觉很苦恼，不仅是因为单调无趣，更是因为对肌肉的锻炼效果不明显，始终收效平平。所以我对于肌肉男总有一种可望而不可即的羡慕。

但是有一次在餐桌上，一位年轻女性说起她不喜欢肌肉男，甚至害怕肌肉男，有种可能被施加暴力的恐惧感。这让我感觉非常意外，许多男人渴望拥有肌肉线条，这也是一种对健康的追求。没有想到并不是所有的女人都喜欢肌肉男。我立刻为自己不喜欢器械锻炼找到了理由，也为部分女性不喜欢肌肉男找到了原因。

在很久很久以前，还没有开始农耕的时候，原始人类还处于靠狩猎和采集野果生存的时期，力量是一个男人通过打猎获取食物，以及保护家人的重要甚至唯一的保障。所以男人肌肉的强壮程度对家庭来说是非常重要的，是家人能够获得安全和吃饱的保证。肌肉强壮，就意味着能够提供更加丰富的生存资源。在这个时期，女人当然喜欢肌肉更强壮的男性。而且在靠力量取胜的时代，身体虚弱，肌肉不发达的男性也很难存活下来，当然也很难留下后代。但是随着时间的推移，一个集体中的人数越来越多，从最初几十个人的小群体，逐渐变为几百人的村子，又逐渐扩大为几千、几万、几十万甚至几百万人的复杂的大型社会。

随着社会人口的不断增长，如何处理社会关系、人际关系以及如何进行管理，成为社会上的重要命题。在这个时候，经验、阅历、知识和智慧就逐渐成为人类获取社会地位以及各种物质供给的重要因素。智慧越来越重要，逐渐取代力量给家庭带来更多的安全和财富保障。善于合作和分享及社会交往能力在社会生活中越来越重要。

2400年前的孔子曾经说过："劳力者治于人，劳心者治人。"社会的发展对智慧的要求越来越高，而对力量的要求逐渐降低。所以，单纯靠肌肉强壮并不能为家庭带来更多的收入，以及更强的安全保障。而且，部分女性会出现对肌肉男攻击性过强的担心。尤其是在封建社会的男权世界里，女性处于从属地位，要讲究三从四德，要忍辱负重，甚至可能遭受暴力。

不仅如此，强壮的肌肉在家庭之外也有可能成为暴力或不稳定的因素。调查显示，女性非常看重男性的稳定性和可靠性的个人品质。俗话说："打死犟嘴的，淹死会水的。"一个人如果身体素质差，遇到不平的事往往就忍气吞声，避免挨打。但是如果他身体素质强，可能就会想要展示自己的肌肉力量，进而为自己和他人带来伤害。如果是在家庭内部展示肌肉的力量，那就难免变成家庭暴力，更使女性惧怕。这或许就是并非所有女性都喜欢肌肉男的原因。究其实质，并不是女性不喜欢肌肉男，而是女性不喜欢暴力，不喜欢情绪不稳定，是对被侵害的一种自然的躲避心理。如果肌肉发达，性格还好，还有知识和智慧，这样的男性一定会受到众多女性的青睐的。

多年以前，曾经有个影响力很大的科普杂志提出一个猜想："请读者们猜测一下10万年后的人类会是什么样子？"问题提出之后，读者来信像雪片一样飞来，各种猜测五花八门。后来多数人猜测的结果是这样的："由于未来人类对智力的要求越来越高，人类的大脑会不断地增大，导致未来的人类会有很大很大的脑袋。而由于未来人类的工作主要是动动手指头，按几下键盘或按钮，绝大多数工作

洪雪玲 绘

都由机器人来完成，对人类力量的要求越来越少，未来的人类四肢短小、无力，但是手指会变得修长，无比的灵活。"我感觉这个形象与美国科幻电影《外星人ET》里的主角ET非常类似。如果人类真的演化成那个奇怪的样子，一定是从今天肌肉男逐渐失宠开始的。因为对男性的智力的选择以及对肌肉力量的放弃也是一种性选择，女性择偶标准的逐渐改变，决定了人类未来的演化方向！

3

察言观行

"好死不如赖活着",活下来就有希望。每个人、每个生命、每种生物都在努力地"活着",也形成了多种多样的生存方式和生存法则。

丛林法则与敬老行为

敬老是否违背生物进化的原则呢？常常有人说丛林法则就是自然界中弱肉强食、适者生存这一不变的法则。因为食物有限、配偶有限，自然界的动物之间存在着严峻的生存考验。这就意味着在自然界中，动物为了个体的生存以及把基因遗传下去，彼此之间的竞争是非常残酷的。生存竞争是不可避免的，在有限的食物面前，即使是"亲兄弟"也彼此互相残害，疯狂地争夺，只为吃到更多和更好的食物。在争取配偶方面，很多动物之间彼此搏斗，甚至你死我活，不死不休。在这种情况下，似乎弱肉强食、适者生存才是不变的法则。

所以在动物界中很难看到敬老的现象。

比如每一个狮王，不管它在位的时候多么威风凛凛，它的老年通常都是非常悲惨的。当它年老体衰时就会被更年轻的狮王驱赶出群体，孤独终老，以致最后因为体弱无法捕食而活活饿死。

这样看来，人类敬老的行为和大自然的法则似乎有所矛盾。但其实并不是这样。在新石器时代之后，或者说在种植业出现之后，人类的寿命逐渐延长，平均寿命渐渐可以达到 30 岁，在这个时候祖辈的爷爷（当然也包括奶奶）出现了。当祖辈出现之后，人类的社会结构就发生了变化。祖辈使得父母一代的生产力得到了解放，可以有更多的时间从事生产，去狩猎或种植，获取更多的食物。如此便改变了物质文明，物质产品得到了大大的丰富。与此同时，祖辈在照看孙辈的同时可以进行知识的传授，使人类的文明和知识得以传递。现在的年轻夫妇有了孩子之后都希望自己的父母能够帮助照顾孩子、接送孩子上学。其实爷爷奶奶帮助照顾孙辈，以便让青壮年能够有精力做好工作，并不是当今社会才有的现象。老辈人帮着带孩子的现象其实从新石器时代就开始了，一直延续到今天。古人

百善孝为先

孙豪冰 绘

类学领域还有一个专门的名词，叫作"祖母效应"，就是指在旧石器时代，人们靠狩猎和采集果实生存，家族中有年长女性存在会增加其后代的存活率。所以从这个角度来看，尊长并没有违背自然的法则，而是更好地体现了大自然"适者生存"的法则。

由于敬老使得老人的经验阅历得以发挥作用，这样可以指导整个家族有更好的收获，更有效地避免伤害。所以敬老使得人类的生存机会大大提高，敬老也恰恰是大自然适者生存特殊的表现方式。而在高度社会化的动物群体当中，也会出现敬老行为，比如说在大象和鲸鱼的家族群体当中，领路的通常是年龄最长的老祖母，它的阅历、它的经验会带领整个家族找到食物、走出困境、避免伤害，这更有利于家族的延续。

从童话《咕咚》说起

1980 年，邮电部邮票发行局发行了中华人民共和国的第一种小本票。这种小本票是把邮票印刷成册，并且带有封面，是一种特殊的集邮产品。这套小本票内含童话《咕咚》的邮票，据说存世量非常少，所以升值了很多。

童话《咕咚》讲的是，在大森林里有一个很大很平静的湖，湖旁边长了很多木瓜树。有一天一只木瓜熟了，从高高的树上落进了湖水里，只听到"咕咚"一声响。兔子听到这声音以为是妖怪，吓得转头就跑。狐狸见到兔子在跑，急忙问："兔子你跑什么？"兔子说："咕咚来了，快跑呀。"狐狸听到也跟着跑起来，这样动物一个跟着一个跑起来。后来大象看见这些动物小伙伴在跑，就问："你们在跑什么呀？"动物们说："咕咚来啦。"大象又问："咕咚是什么？"动物们都说不知道。然后大象就拉着动物们回过头来，去看看到底是怎么回事儿。最后回到湖边发现，原来只是木瓜掉到水里发出的"咕咚"的声音。

这个童话是告诉孩子遇到事情不要盲目地追随别人，而是要调查清楚再行动。别人说的不一定是对的，不要盲信，要多动脑筋，要有自己的分析，培养独立思考的能力。这个故事家喻户晓，以童话的形式对孩子进行教育也是非常重要和有效的。但是从生物演化的角度讲，兔子的做法就不一定是错误的，甚至可以说是必需的。

因为在自然界，生存是非常重要的，而对危险的觉察是生存的前提。所以在这种情况下，听到不熟悉的声音，看到不熟悉的现象，闻到不熟悉的气味，对于动物来说，并没有必要去搞清楚原因，因为在搞清楚的过程中可能就失去了宝贵的逃生机会。首先是要尽快躲开，逃离各种潜在的威胁，哪怕是虚惊一场也好过错失逃生机会。

这就好比我们在开车的时候，感觉眼角有一个影子闪过，我们就会不加思考地踩刹车，而绝对不会先仔细探查这个影子是人还是物，是男还是女，是老还是少，是单眼皮还是双眼皮。先踩了刹车避免事故发生再说，要是等看清楚了再刹车也就晚了。所以对动物来讲，尤其是弱小的食草类动物，最重要的是发现危险，然后尽早躲避。只要看到可能的危险或者其他同类在奔跑，那就先跑起来再说，没必要看清楚，等到看清楚就没有命了。好奇会害死兔子的。把探索未知的事情留给人类好了，身为动物，没必要有那么强的好奇心。

狍子之所以被称为"傻狍子"，是因为它对周围环境的变化十分敏感且好奇心重。狍子受到惊吓逃跑后，它会因为好奇想弄清楚刚才发生了什么，而重新返回原地查看。在长期的进化过程中，狍子没有遇到过像人类这样聪明且善于利用其习性的"动物"，导致它们对潜在危险的识别能力不足。所以即便之前受到了惊吓，也难以抑制住好奇心又回到原地，给人类留下了"傻"的印象。如果对面是其他动物，它们的警觉性完全能够使其逃离危险。所以从生存需要的角度，我们就可以理解为什么食草类动物的眼睛往往长在两边，而食肉类动物的眼睛往往长在前面。

视觉有灵敏度和精准度两个方面，灵敏度是看得见，精准度是

刘路遥 绘

看得清。对于食肉类动物是需要看得非常清楚，它们捕食需要定位非常准确，这样才能准确判断距离，判断如何捕捉猎物。两只眼睛都面向前方，视野有一定的重叠，可以形成立体视觉，能够快速准确判断目标的距离和位置。虽然无法看到身后的物体，但是可以有非常好的正前方视场，可以让这些动物的视觉分辨率提高，有利于捕捉猎物。所以预测距离对于食肉动物的捕猎非常重要，母狮子只会在猎物进入其狩猎范围时才发起捕猎行为，在它判断距离猎物太远无法捕捉的时候，母狮子还是愿意偷点懒睡一觉，哪怕是需要再忍忍饥饿，也总比白辛苦一场好一些。

人和猴子、猩猩等灵长类动物的眼睛长在前面，这是因为灵长类动物的共同祖先生活在树上，需要在树冠上跳来跳去，需要有清晰的立体视觉才能看清楚距离，能够进行准确定位非常关键，这是生存的需要。否则，看到前面有树枝，不等看清跳起来就去抓，一旦抓不住，传来"吧唧"一声，然后就没有然后了。而对于食草类动物而言，它要求的不是看清楚，而是看见，尽早发现危险。通过一只眼看到的是二维世界，很难估算距离。这个时候，眼睛的灵敏度要比精准度更重要。为了灵敏度，可以在一定程度上牺牲精准度。因为对于食草类动物而言，及早地发现危险并抓紧时间快速躲避危险，要比看清楚危险所在，以及危险程度大小重要得多。所以它的眼睛长在两边，可以有非常宽广的视野，可以看到整个地平线。这样的话能够尽早地发现危险，当出现危险的时候，它并不需要看清，而是看到影子就要尽快地跑起来。毕竟跑错了就是多费点力气，还有机会吃到妈妈准备的午饭，要比错失避险的机会并失去生命损失小很多很多。

现代科学研究也已经验证，动物界中捕食者与被捕食者通常有着不同的视觉需求，进而他们的视觉系统也各不相同，生物的多样性也体现在视觉系统的多样性上，这也体现了生物演化过程的复杂性。适者生存体现在方方面面的细节之中。

广告的基础是『探究反射』

这些年，城市街头一个较大的变化就是播放广告的 LED 大屏幕越来越多、越来越大了。常常有司机抱怨 LED 大屏幕广告晃眼，扰乱注意力。以前曾有司机因偷看路边的美女而引发交通事故的报道，现在则频频出现司机因欣赏 LED 广告而撞车的新闻。国外的朋友来到中国，看到遍地都是巨大的 LED 广告屏幕，也会感叹中国经济的快速飞跃发展。

看足球比赛的时候，通常在比赛场地周围会有很多的广告牌。这些广告牌通常不会固定宣传一个内容，常常是隔几秒钟就转动一下，换了另一个内容。有不明原因的人斥责广告商心太黑，也太精明，把一块广告的地方用来发布 3 个或更多的广告。

在现代社会，注意力是一种资源，或者说是"注意力经济""眼球经济"。谁能够吸引公众的注意力，就离成功不远了。因此如何吸引注意力是一个大课题，也已经变成一门大的学问了。上面关于 LED 大屏幕和视频广告的两个例子，其实就是广告商自觉或不自觉地利用了生物学中"探究反射"的原理。社会学中的争取注意力资源，实质上就是对生物学中所说的探究反射的充分利用。

刘欣雨 绘

    在人脑中有一个叫作"顶盖"的地方，这是个很小的区域，这里的神经元负责处理和光、声音有关的神经反射，我们听到的声音、看到的光线，都由神经纤维向大脑传递，把信号送到与处理视觉和听觉有关的大脑中枢，但同时这些神经纤维还会发出神经分支到顶盖这个部位。顶盖接收到这些信号后就会通过被称作"内侧纵束"和"顶盖脊髓束"这样的神经纤维去控制头和脖子的肌肉收缩，然后将头转向声音或者光线来源的方向，这就是所谓的"探究反射"。简单点说就是指当有声音或有东西在动时，头和眼睛立即转过去，查看一下到底是什么在动或者发出声音。

    这种探究反射在生物的进化过程中、在生物的生存竞争中非常重要。这主要是指在觅食和防御的时候，探究反射能够帮助生物在最短的时间内发现猎物或敌害。谁的探究反射强，谁就在捕食与被捕食的角逐中占据了优势。

　　探究反射在生活中的例子太多了。人在走夜路时，如果有闪光，头马上就会转过去探查；在静悄悄的教室里，如果有人手机铃声突然响起，马上就会引起全体人员的注意，立即转头向手机的主人行"注目礼"；甚至在嘈杂的饭店里，如果有人摔碎了一个碟子，其他食客就会立即停止喧哗，伸长了脖子望过去，看看到底发生了什么事情……这些都属于探究反射。

　　到了现今的商品社会，这种探究反射就又有了一个名字，叫作"注意力"。吸引了注意力，博得了眼球，政治家可以获得选票，明星可以获得粉丝，商人可以获得大把的票子。"探究反射"成了商贩巨贾们争相捕获的猎物。改革开放初期的小商贩们叫卖用的是声音越来越高的喇叭，高喊"走一走，看一看嘞""走过路过不能错过啊"。而社会进化到今天，商品的生存竞争就演化出了越来越多的 LED 广告大屏幕。但是也有很多人为了博眼球吸引注意，为了当"网红"而不择手段，无视法律和道德的约束而受到社会的谴责。

　　探究反射从自然科学进入社会科学，也就出现了越来越多的研究注意力的专业和大学问。将科学原理应用于商业创意是社会的进步，但是一小部分人为博眼球而不择手段的行为是不可取的。人们在追求热度和注意力的同时，也应该考虑到自己的社会责任和可能带来的后果。

从众行为是动物最经济的生存方式

在大自然中有一个有趣的现象：很多居于食物链顶端的凶猛食肉类动物都是独居的，只有在繁殖期才会雌雄相伴。俗话说得一点不假，"一山不容二虎，除非一公一母"，而食草类动物作为被捕食的对象常常是群居生活的。

群居生活的弊端其实是显而易见的。众多的个体集聚在一起生活，数量的增加会使它们的目标变得庞大，更容易被捕食者发现。同时群居生活还会增加传染病和寄生虫的传播风险。即使这样，处于弱势的食草动物们依然选择群居，那是因为群居有利于食草动物的生存。

2022年8月初我在海口开会，当时居住的宾馆旁边就是海口的万绿园。我每天上午做案牍工作，下午都要在万绿园中散步、锻炼身体。万绿园中有非常多的鸟类，常常成群地飞来飞去。其中有一种鸟叫"戴胜"，广泛分布于南方，在大连是看不到的。这种鸟总在潮湿的地面寻找虫子，头上有一束漂亮的冠羽，有警情的时候冠羽就会竖起来，起飞的时候冠羽就会放下。我很想近距离观察这些美丽的戴胜鸟，但每当我蹑手蹑脚悄悄走近的时候，总会被它们发现。

只要有一只戴胜飞起来，其他的鸟，不管它是不是戴胜，就都会跟随着一哄而散，飞走了。

其实这就是群居的一个很重要的优点——利于获得安全保障。只要群体当中一个或几个个体发现威胁，便通过鸣叫或者奔跑来告知其他的个体。对于其他个体，这时只需跟着一起逃跑就可以了，所以群居可以带来更多的安全保障。于动物而言，从众行为是最经济的自我保护方式。跟着群体一起行动，即使是跑错了，无非就是浪费点体力而已，但不跟着一起行动可是要冒着失去生命的风险了。捕食者们的策略就是把某一个体与群体分隔开，群起而攻一只，所以落单是群居动物的危险行为。

英国有一个笑话，叫作"老虎来了"：两个男人正在穿越丛林，突然，一只老虎出现在远处，随即向他们冲来。其中一个人从包里拿出一双跑鞋，开始换上。另一个人惊奇地看着他说，你以为穿上跑鞋就可以跑得过老虎吗？他的朋友回答道，我不用跑过它，我只要跑得比你快就行了。

虽然群居会使动物被捕食者发现的可能性增大，但上面这个笑话也说明了每一个个体在群体中获得生存机会的原则：群体的存在使得捕食者的选择面更广，它只需要比自己的同伴更强壮就可以了。所以群居降低了个体被捕食的概率，从而有利于个体的生存。

群居还有利于群体内的个体互相学习。城市里的麻雀学会了和人类生活在同一座城市。在人类世界中，常常会遇到层出不穷的新食物，只要勇敢的第一只麻雀发现某种新的东西可以吃，其他麻雀就会立刻跟风一哄而上，它们甚至学会了如何打开包装袋。动物的觅食过程是需要消耗能量的，所以它们简化了搜寻的过程，如果一只鸟发现食物停下来，鸟群中的其他鸟都会停下来。从众行为使个体减少了思考和寻找的能量消耗，从而增加了生存机会。在村子里只要有一只狗叫起来，全村的狗都会狂吠也是这个道理。

群居还可以增加找到配偶的机会。生命的延续是种族的使命，动物的生存使命就是要留下自己的后代，使基因得到传承，种系得以延续。对于独居的猛兽而言，比如方圆百里只有一只公老虎，要想找到一只母老虎太难了，它必须依靠敏锐的嗅觉，并勤快地四处奔跑和寻找才可以。而对于群居的动物来讲，"美女"就在身边，这只不同意那就再找下一只，"天涯何处无芳草"，3条腿的蛤蟆不好找，4条腿的动物有的是。群体里个体数量多，可以选择的对象自然也就多了。

但是群居生活还给每一个群体中的个体提出了新的要求——社交。有了群体，就有了"江湖"，个体要想处理好与其他个体之间的关系，就需要社交。社交的要求就是"合群"，遵守群里的规矩。不合群的个体会被驱赶到群体的边缘，被"边缘化"，一旦落单，生存危险就会大大增加。所以对于群居动物而言，从众行为就是合群的表现，是生存的需要。

人类是群居的，在群居生活的悠久历史长河中，人类形成了复杂的社会关系和社交技能。"从众"也是人类个体生存的重要本能之一。

打哈欠是一种简单的从众行为。人们常说，打哈欠会传染，一个房间里有一个人打哈欠，其他人也会陆续跟着打哈欠，就会变成"群哈欠"。这是因为当大脑需要更多的氧气时，打哈欠时的深呼吸可以给大脑补氧。当一个人打哈欠的时候，视觉的冲击给其他人发出了信号——我也需要补充氧气，我也需要休息睡觉了。

当然，人类的社交怎么可能是吃饭睡觉这样简单，人类有着高度复杂的社会关系网。人们也创造出了关于从众行为的成语，比如，人云亦云、随波逐流等，所以《皇帝的新装》里小男孩的一句"他什么也没有穿"显得愈发惊世骇俗。

我听过这样一个笑话，一个珠宝商去天堂参加会议，到了地方

孙豪冰 绘

后发现座无虚席，便大喊一声："地狱发现金矿了！"这一喊，在座的其他珠宝商们纷纷起身向地狱跑去，很快天堂只剩下他一人。让人没想到的是，没过多久，这位珠宝商竟也起身，匆匆向地狱跑去。因为他看那些人都跑去地狱却没人回来，不禁怀疑，难道地狱真的有金矿？这是从众，亦是盲从。真实生活中这样盲从的例子我们可以列举出很多。其实在大部分情况下，多数人的看法是我们做决定的重要依据，这样在工作和事业中可以形成共识，有利于工作的开展。但是一味地强调"从众"真的是人类社会的生存守则吗？人类最宝贵的自我判断力、自我感知力，不会变成"盲从"吗？个性的棱角被磨得太平，就是球体了，如何站稳自己的立场？

在这个强调创新发展的时代，从众心理是创新发展的"大敌"，是我们要自觉克服的障碍。而树立创新意识，培养创新精神才是青少年成人成才的关键。

心理学上认为，从众心理指个人受到外界人群行为的影响，而在自己的知觉、判断、认识上表现出符合于公众舆论或多数人的行为方式，从众心理是部分个体普遍存在的心理现象，但是我们可以不让自己活在概念里。

丛林法则与利他行为

一次出差的时候，我随手从书架上拿起一本买了有段时间但还没有读过的书，我将书放进背包里，准备在路上读。因为这本书的封面和封底有很多植物的科学插图，我误以为是关于植物科普的书，所以希望在路上能拓展一下自己关于植物方面的知识。但读起来发现这是关于一位植物学家的人物传记。一直到我把这本书看完，才发现我又错了，原来这是一部小说，内容完全是虚构的。之所以我把它误认为是人物传记，是因为作者在书中描述了大量的植物科学方面的内容。

书的名字叫作《万物的签名》，作者是美国的伊丽莎白·吉尔伯特。书里的主人公是一位名叫阿尔玛的女植物学家。她生于1800年，并非一位传统意义上的完美女性。她长得不漂亮，经历过暗恋、失恋，在年龄渐长中步入婚姻，却从未有过男女欢爱。但是她凭借对植物的痴迷和才华，最后成为植物园苔藓馆的馆长。她有一位当地首富的父亲，一位出身名门的母亲，一位和她完全背道而驰、过着有名无实的婚姻生活的丈夫，以及一位美貌而性格深不可测的妹妹普鲁登丝。

阿尔玛穷其一生都在孤独地研究苔藓，并从苔藓的演化现象中推理出与达尔文几乎相似的生物进化自然选择理论，但却终生没有发表她的研究成果。书里描述了大量关于植物的知识和植物研究的历史史实，并结合不时出现的科学性和艺术性都很强的植物科学插画，再加上作者对进化论的形成过程的细致入微的描写，以及书的最后阶段阿尔玛与生物进化理论提出者中的二号人物华莱士交流的情节如此逼真，以至于让我误以为这本书是一本科学家传记。华莱士最后告诉阿尔玛："我们总共有3个人。"即进化论的理论提出者达尔文、华莱士、阿尔玛，3个人从不同的角度都得出了生物进化的自然选择理论。读完全书，我马上就去检索文献，查找关于阿尔玛的论文。最后我哑然一笑，费了好些力气才最终不得不承认《万物的签名》确实是一部引人入胜的精彩小说，而不是科学家的传记。

在小说里，阿尔玛之所以没有将她的研究成果发表，就在于她认为自己提出的理论在逻辑上还有一点小漏洞，而她还找不到弥补漏洞的方法。理论的不完美，让她没有发表研究成果的信心。阿尔玛发现，自然界是蛮荒之地，为了生存，大大小小的物种彼此竞争。在这种斗争中，强者不垮，弱者淘汰。斗争是机制所在，为了生存的斗争才解释了所有最棘手的生物之谜——物种分化、物种灭绝、物种变异。灭绝和变异从生命起源之初就在发生，如今仍在发生，也将继续发生，直到时间尽头。

但是阿尔玛感觉单纯从生存斗争的理论角度很难解释人类和自然界当中存在的利他行为。阿尔玛的妹妹普鲁登丝宁愿过着清贫的生活，也要把大量的财富用于救济穷人；一名士兵为了保护受伤的战友，奋不顾身地冲向对面手持冰冷刺刀的敌人；一位女士愿意跳进运河拯救另外一位女士的宝宝，而自己溺毙……

在动物界也有很多类似的行为，在一窝蜂、一群狼、一群鸟甚至一个群落的苔藓之中，经常会出现个体为了群体利益而死的现象。

这些事例困扰着阿尔玛，尽管聘任她做了苔藓馆馆长的舅舅不断催促她发表论文，她还是坚持要为此找到答案，以弥补她理论的漏洞。

1859年12月的一天早晨，阿尔玛打开了当天的《泰晤士报》，读到一本书的书评，新书的作者叫作查尔斯·罗伯特·达尔文，书的名字是《物竞天择，适者生存之物种起源论》（后称《物种起源》）。

阿尔玛立刻急不可耐地订购了这本书，并在她60岁生日那天拿到了书。阿尔玛心情复杂地读着达尔文的著作。读书的时候，她时而心碎，时而拥护，时而悔恨，时而赞赏。阿尔玛迫不及待地要看看达尔文是如何解释生物的这种利他行为的，结果阿尔玛发现，达尔文极其精明地采取了一种回避的态度，并没有提及利他行为。感叹之余，阿尔玛从中明白了一个道理，一个好的科学家无须立即解决整个问题，而且一项研究也从来不可能回答所有的问题。

后来，阿尔玛又读到了华莱士的论文，她努力与华莱士建立联系并与之见面。交流之后阿尔玛发现华莱士也同样存在这一困扰，但是对于自然选择理论，他们都是深信不疑的，共同的认识让阿尔玛产生了一种"德不孤必有邻"的温暖。这就是华莱士说出了"我们总共有3个人"这句话的原因。

在达尔文发表了《物种起源》之后，社会领域就诞生了一个新的名词——丛林法则。有的人把自然界弱肉强食的状态引用到社会领域，用"适者生存"的理论来鼓吹强权就是真理，为了自身的发展可以不顾一切地无限攫取资源，把自私行为看成是天经地义的。这种观点其实并没有完全领会生存竞争的本质。

在自然界的动物之间，不仅有为了生存而互相残杀和自私自利的行为，也有很多为了"他人"而不顾个体利益和安危，甚至不惜牺牲自己生命的利他行为。

很多在地面筑巢的鸟类，当天敌接近鸟巢，其后代面临危险的时候，母鸟会冒险离开鸟巢，装作一瘸一拐和翅膀受伤的样子逃跑。

这样就把天敌的注意力吸引到自己身上，而使鸟巢里的幼鸟脱离危险。

鸟类和一些哺乳动物在出现天敌，有可能面临危险的时候，群体里最先发现危险的个体会发出尖锐刺耳的鸣叫报警。这也是一种通过暴露自己，增加自身危险来换取其他个体安全的利他行为。

在蜂群中，有一种没有生育能力的工蜂。它们自己不生育，却全力以赴地勤奋工作，帮助蜂后喂养自己的兄弟姐妹。在蜂群受到攻击的时候，工蜂会用自杀性的螫刺攻击"来犯之敌"，牺牲自己的

宋杨 绘

生命保护群体的利益。在蚂蚁和白蚁等社会性昆虫中，也都有这样的利他行为。

这些利他行为不仅困扰着阿尔玛和华莱士，也同样困扰着达尔文。如何解释生物界经常出现的利他行为，成为适者生存的进化论的一个难题，也是很多人怀疑和攻击进化论的重要内容。一直到1964年，名为史密斯和哈密尔顿的两位学者分别发表了两篇开创性的论文，对动物的利他行为进行了解释，提出了"亲缘选择"理论。

亲缘选择是指对彼此有亲缘关系的一个家族或家族成员所起的自然选择作用。动物个体由于共属一个家庭，具有差别不大的同一家族的共同遗传基因，为了有利于整个家族基因的传递而产生了利他行为。比如小鸟长大后可能不离开家庭，而是帮着父母共同养育弟弟妹妹，虽然小鸟放弃了生育自己后代的机会，但由于整个家庭捕食的能力增强了，弟弟妹妹的存活率提高了，更加有利于父母基因的传递。

这种亲缘选择理论不仅很好地解释了动物的利他行为，同时也为人类社会的无私行为找到了起源的生物因素。随着人类生产力的不断提升，社会结构也发生了变化，社会人群越来越多，对文明和规则的需求也不断提升。从最初的简单地为了个体基因的传递，逐渐演化成为整个社会群体的延续，并不断发展。终于，利他行为上升到为了民族、为了国家乃至为了全人类的自我牺牲精神。正是这种自我牺牲精神，支撑着人类文明的不断进步，支撑着人类社会的不断发展。

4

百感交集

好的故事总是令人如痴如醉, 听故事也是孩子们学习人情世故和了解社会的开始。从故事中我们学会趋利避害, 学会"吃一堑, 长一智", 也逐渐开始了我们自己的人生故事。

为什么你总是记得不快乐的事？

　　"我真傻，真的"，祥林嫂抬起她没有神采的眼睛来，接着说，"我单知道下雪的时候野兽在山坳里没有食吃，会到村里来；我不知道春天也会有……"鲁迅的《祝福》里的这一段，曾经收录在语文课本里，所以很多人都是耳熟能详的，祥林嫂是其中一个虚构的人物。当时学课文的时候，老师说祥林嫂是旧中国劳动妇女的典型代表，用来比喻一个人比较唠叨，喋喋不休地、反复不断地向他人诉说自己的不幸遭遇，最终惹人讨厌、让人避之不及。

　　其实在生活中"祥林嫂"式的人物并不少见，只是表现方式、经历的内容各有不同罢了。生活中我们是否常常对不快乐的事情记忆深刻，而开心的感觉总是一闪而过呢？回忆走过的路，是否对让我们流泪的事情记忆比较深呢？当回首过往，我们是否总是对曾经的遗憾与失落念念不忘呢？是否一首歌、一句话就会让你触景生情而泪流满面呢？这种人生体会是一种反刍思维，当我们在经历了负性事件后，我们往往对事件、自身这种消极状态和可能产生的原因和后果进行反复不断地思考。这会影响我们的情绪，并且会将产生的消极、烦闷的情绪放大，会让人们总是对不快乐的事情记忆深刻。

实际上反刍思维的形成也和演化有关，是在人类演化过程当中逐渐形成的。因为在演化过程中，人类总是涉及觅食和防御这两方面的生存需求，而在此过程中，对一些有危险的事情保有深刻的记忆，要比记住快乐的事情更重要。因为危险的事情往往是会危及生命的，比如在森林里偶遇一只棕熊，如果没有及时发现熊迹，你就会"挂了"。而如果路边有美食却没有发现，无非就是少吃一点儿、多饿一会儿罢了，不会立即危及生命。

所以对这种与危险场景相关的气味、声音、影像，都会给人类或动物留下深刻的印象，从而产生恐惧的心理。当再次遇到相应情景的时候，他就会回忆起曾经发生的情况，产生害怕的情绪，从而及早进行规避，"求生欲很强"才有利于生存。这可能是在生命演化之初能够产生记忆的原因。而快乐是一种奖励机制，当遇到快乐的事情时，比如吃到美食，或者经历一次美妙的约会，脑内就会产生多巴胺、内啡肽等物质，从而产生非常愉快的感觉。但是和痛苦、危险的记忆相比，这并不会危及生命安全，所以愉悦的记忆总是短暂的。在生活当中，我们经常会遇到这样的情形：吃过的美食，过一段时间就会忘记，而一旦吃的食物造成食物中毒，我们就会终生难忘。"一朝被蛇咬，十年怕井绳"就是这个道理。香甜可口的美食对每一个人都充满诱惑，可是一旦体检发现血脂高或者血糖高，多数人马上就会对肥肉和甜食避之不及。

在人类社会中，人人都知道要趋利避害，但是很少有人知道避害要比趋利更重要。心理学有一个专业术语叫作"损失厌恶"，它是指当人们面对同样程度的损失和收益时，人们更加难以接受损失的现象。比如赌徒输掉 1 万元的痛苦，要远远高于赢了 1 万元的快乐。也许正是因为坏消息给人们带来的影响要比好消息大得多，现在研究抑郁、焦虑、自杀的科学家要比研究快乐和幸福的科学家多得多。

在生物进化过程当中，对生存来说，这种负面信息的记忆非常

孙豪冰 绘

重要，所以形成了反刍思维。但是对负性事件所产生的消极感受进行重复性的回想，这是不利于事件的解决的，而且一不小心就会使自己再次陷入悲伤的情绪中，亦会让人们陷入自我怀疑的困境。"抽刀断水水更流，举杯消愁愁更愁"，对悲观的情绪如果不注意控制或转移，而是任由其发展就会造成一种病理性的心理状态。如果这样的消极情绪不断蔓延，还有可能会产生抑郁的症状。因此反刍思维虽然有有利的一面，但是也要进行适当地调控。

　　"吃一堑，长一智"也是这个道理。我曾经在一位年轻人18岁生日的时候对他说过："你这一辈子要吃很多亏，要上当受骗、要犯错误，不要顿足捶胸，因为这是你人生的一部分，是躲不开、逃不掉的，关键是要从困难和错误当中吸取教训，吃一堑，长一智。但是人生不能仅靠吃一堑才去长一智，那样到垂垂老矣时只能用'饱经风霜'来形容你。"细细分析，饱经风霜就是一生坎坷，甚至一事无成。关键要"吃人一堑，长己一智"，要学会从别人的失误中获取教训，取得成长的经验。对别人的教训，进行自己的反刍。

你对不快乐的事情记忆深刻，说明你是在用反刍思维思考事情，其实这没有什么不好，只是在深思反省的时候，要抓住总结经验的机会，而不是陷入和放大"不快乐"的感觉。利用反刍思维以一种适应性的方式看待问题，会更好地帮助你解决问题。我在年轻的时候，每每犯了错或者吃了亏，常常自我安慰"唉，又增加了人生的阅历"。所谓的人生阅历，无非就是人生的经验和教训，而其中更重要的是人生的教训！细细地品味和总结，阅历就成了人生的财富，有利于今后的人生！

当面对快乐的时候，我们要珍惜当下幸福的时光。当面对不快乐的时候，我们也要珍惜此刻情绪变化所带来的另一种力量。

关公刮骨疗毒时的疼痛抑制

这是 2017 年发生在广西的一个真实的故事。一位武警战士，在执行处置暴恐分子袭警事件的任务时，为了保护战友的生命安全，在制服暴徒的过程中，颈部、背部连中三刀。抓捕行动结束后，也许是太专注了，战士并没有意识到自己受伤，还是一个眼尖的战友看到他身上在流血，才发现他受了伤。

这种情况屡见不鲜。在很多的历史故事、武侠小说、影视作品中都可以看到类似的情况，其实这是人体的一种全身性的应激反应。应激反应是指人体在受到非常强烈的因素刺激的时候，需要调动全部身心去完成当时必须完成的任务，或者利用身体反应避开可能要发生的严重危险。这个时候全身的交感神经高度兴奋并产生一系列的神经内分泌反应，如心跳和呼吸加快，精力高度集中，身体的机能和代谢也都同时发生改变。为了应激，脑内会释放能够抑制疼痛的化学物质，让人暂时对疼痛的感受减弱。正是由于这种应激反应，我们才能有效地应对生命中遇到的各种各样的困难局面。

其实这也是生命在亿万年进化过程中形成的一种生存本能。对于任何一种生物，"好死不如赖活着""活下来"都是最基本的要求。

在拼死搏斗的时刻，正是生死攸关的瞬间，这个时候忘记疼痛，集中全部精力和体能去对付敌人或野兽，恰恰是对生存的最重要的保证。如果在双方你死我活拼力厮杀之时，感觉到疼痛的一方必然是无可奈何花落去，一溃千里的大败，甚至会丧失生命。而在搏斗之后，危险已经过去，一旦意识到已经受伤，常常会立刻就感觉身体被掏空，浑身没有了力气，这也是对生存的一种保障。因为当危险因素消除之后，节省体能、节省能量就变成了生存的头等要事了。

疼痛对于每一个人都是一种难忘的不愉快体验。疼痛的种类非常多，有急性痛、慢性痛、顽固性痛；有全身痛，也有局部或点痛；有跳痛、刺痛、酸痛、胀痛、钝痛、绞痛、烧灼痛、切割痛等，不一而足。医生也常常根据疼痛的特点来进行疾病的鉴别诊断。疼痛不仅会影响我们的行动和生活质量，还会影响我们的情绪，有很多人因为疼痛而焦虑和抑郁，甚至寻了短见造成人间悲剧。所以在我们的文化当中有很多关于疼痛的词汇，如痛不欲生、痛心切骨、劳筋苦骨、剥肤之痛、创巨痛深等，而古人描述疼痛的诗句就更是数不胜数了。

疼与痛在字面的表达方面没有太大的区别，但在情感表达方面有些不同。比如心疼，一般是用于情侣之间或者父母对子女的关心。而心痛，则带有一定的感情色彩，一般是表达内心的痛楚，情感上更强烈一些。

在西医中，疼与痛只有程度上的差别，并没有什么本质上的不同。但是在中医方面，疼和痛是有区别的。疼是病字旁加个冬字，冬代表风寒侵袭，是风寒入侵人体的经脉而出现相应的症状。而痛是病字旁加个甬字，甬是甬道、通道的意思。"不通则痛"，是在经脉的通道上受到风寒而出现了气血瘀滞。

虽然看起来疼痛给人带来的都是不愉快的感受，但是疼痛的确是生存不可缺少的一种感觉。疼痛是机体对来自体外和体内各种不良刺激或伤害的感知，起到了人体警报系统的作用。体内的刺激引起了疼痛，就说明身体有病，需要引起注意。比如，2000多年前的古罗马医生就发现，炎症的最基本的表现就是红、肿、热、痛。这一认识一直持续到今天，是每一个医学生都必须知道的常识。体外的刺激引起疼痛，说明有伤害因素的存在，需要用最快的速度，在最短的时间里进行躲避。这一点和"痒"的感觉就不一样。机体感受到了"痒痒"，不是躲避，而是要抓挠。因为"痒"可能是由蚊虫叮咬引起的，所以当身体感觉到疼痛的时候，在没有查明疼痛的原因之前，医生们通常不主张止痛，因为这样会影响对病情的诊断。多年前，我还在医学院读书的时候，老师就告诉我们，在急诊室里，最需要关注的是一声不吭的患者，因为这样的患者很有可能因为意识丧失而对疼痛失去了知觉，需要立即抢救。而呼天喊地疼痛得受不了的患者，恰恰由于能够感觉到疼痛，还有体力呼喊，治疗的时候可以从容一些。

疼痛是一种主观感受，现在还缺少客观指标去测量疼痛的程度。有人把从不痛到剧痛的主观感受程度分成了十级，分娩痛常被描述为最高级别的疼痛。在常见的"十级疼痛"划分中，分娩痛属于第十级。还有一种叫作"分娩体验仪"的设备，可以让丈夫们体验一下分娩时的疼痛，了解妻子分娩的不易，有助于增进夫妻感情。

疼痛是身体的一种自我保护机制，人没有痛觉是非常危险的，它意味着人的伤害警觉和自卫意识的丧失。无痛症是一种罕见的遗传疾病。患者由于疼痛的传导受到阻滞而无法感知痛觉，无法对痛觉做出正常反应以避开危险，并且容易出现严重的自残行为。曾经有报道称，一个无痛症的患儿把自己手指的骨头都咬出来了，却没有任何痛感，听着就让人心痛。

疼痛的产生是由于在皮肤或者体内的黏膜上的神经末梢感受到伤害性刺激之后，疼痛的信号经过脊神经节的神经元的传导，先传递到脊髓内叫作背角的地方，然后再传递到丘脑，最后由丘脑传递到大脑皮层的感觉功能区，形成了痛觉。医学上把疼痛信号的传递路程叫作痛觉传导路。脊神经节、背角、丘脑是疼痛传递的3个驿站，在驿站中需要对疼痛信息进行处理，有的信号被抑制，有的信号被放大，以便最后传递到大脑时可以对疼痛的性质、强烈程度、部位等进行精准地分析。当然大脑皮层也会发出信号到丘脑，参与和指导对痛觉信号的处理，这种处理因具体情况而有所不同，有的是加强痛觉传递，有的是抑制痛觉的传递。

正在学习走路的孩子一不小心头碰到了桌角，孩子偷偷看了大人一眼，发现大人正在看着自己，此时此刻，孩子就意识到该哭了，于是"哇"的一声哭了起来，于是大人走到桌边，用手一边拍打桌角一边高声训斥："让你碰我家宝宝！"孩子看到桌子挨打了，心里有了安慰，便立刻止住了哭声。这是典型的心理作用。但是，更常见的情况是孩子真的被桌子碰疼了，单纯的心理安慰已经不起作用了。有经验的家长就会用手在孩子被碰到的地方轻轻地揉一揉，孩子往往就会止住哭声。这个时候就不再是心理安慰的作用了，而是因为在触觉和痛觉的传递过程中，痛觉和触觉二者互相抑制的结果。妈妈通过揉一揉孩子被碰到的部位，加强了触觉信息的传递，同时也就抑制了痛觉信息的传递，孩子就会觉得疼痛减轻了。与之相反，当身体表面某个部位奇痒无比的时候，人们往往会抓挠痒的部位，甚至会抓挠出血，就是通过抓挠加强痛觉信息的传递，而抑制其他感觉信息的传递，从而达到止痒的目的。

1965年，英国科学家梅尔扎克和加拿大科学家瓦尔提出了"痛觉闸门控制学说"，对上面所说的现象的科学机制进行了解释。在脊髓的后角有个叫作"胶状质"的部位，是痛觉的闸门所在地。当痛觉信息从末梢神经传导到脊髓时，胶状质中控制疼痛的闸门会调节传递到大脑的痛觉情报。闸门打开时，痛觉特别强烈，而闸门关闭时，痛觉就不太强烈了。而传递感觉信息的神经纤维分为粗、细两种。粗的感觉神经纤维通常传递触觉等不会引起疼痛的非伤害性感觉信息，而细的感觉神经纤维传导痛觉信息。在生理状态下，这两者是互相抑制的。如果传递触觉信息的较粗的神经纤维兴奋，控制了疼痛的闸门，就会将闸门关闭而减轻疼痛感，所以生活中的一些小的经验的背后可能隐含着重要的科学原理。

在我们生活当中还会有这样的经验，受伤后，当你的注意力集中在伤口的时候，会感觉伤口越来越疼，这就是大脑参与的结果，使得痛觉信号的传递不断加强了。发生应激反应的时候，即使受伤了，也感觉不到疼痛，就是大脑皮层的调控在发挥抑制作用，将痛觉暂时抑制了。大脑皮层对疼痛传导的调控作用有的时候非常强大。

《三国演义》第七十五回有一段脍炙人口的关公刮骨疗毒的精

刘欣雨 绘

彩描述，关羽给我们的印象是铮铮铁骨的硬汉，忠义无双的关二哥无论经历什么风风雨雨，都是很淡定的样子。一次，关羽在攻樊城时中了曹仁的毒箭，"关公胳膊受敌方一箭，回营治疗。沛国谯郡人华佗为其治伤疗毒。因箭头有毒，需用尖刀割开皮肉，直到内骨处，刮去骨上箭毒，用药敷之，再用线缝合伤口，才可无事。关公与马良下棋，伸出胳膊与华佗，面无惧色，神态淡然地接受疗伤。关公箭伤已愈，设宴谢华佗。佗，交代后事注意事项，辞别而去"。关公不用麻药，刮骨疗毒，是为了自己的威严以及不让将士们担心。但从科学的角度讲，就是大脑皮层发挥了对痛觉传导的抑制作用，抑制了痛觉信息从脊髓到大脑的上传。

在革命年代，不乏将士们在战场上与敌人英勇搏斗的身影。由于条件恶劣，也常常有受伤的将士在没有麻药的情况下进行手术治疗，这更能体现出意志的强大作用了。在抗美援朝战争中，还涌现出邱少云这样的英雄，他为了胜利强忍烈火烧灼的疼痛，体现了革命战士的高度纪律性、大无畏的牺牲精神和强大的意志力。

从美女的裙子到高速公路的修建

　　小的时候，听我的姥姥讲过在胶东农村老家春天抓捕大雁的故事。姥姥的老家在山东荣成崖头，每年春天大雁成群结队地从南方迁移到北方，崖头就是大雁跨海飞行前进食和休息的必经之地。晚间雁群休息的时候，总是要安排一个哨兵负责警戒。有经验的猎人就会在大雁入睡后，悄悄地靠近，然后故意发出声响，并立刻掩藏好。放哨的大雁受到惊扰，立即发出警报，整个雁群马上飞起。飞起后，没有发现周围有危险，雁群就会重新落下休息。猎人在雁群再次入睡后，又发出声响，哨兵再次发出警报，雁群再次飞起。如此几番，哨兵就会被其他大雁群起而攻之，甚至被咬死。等到雁群再次入睡之后，就到了猎人们收获的时候了。当然，这是早年的往事，现在大家都有了动物保护意识，也很少有人去惊扰动物了。

　　公元 219 年，是东汉快要结束的时期。在《三国演义》里有一段这个时期诸葛亮没有损耗一兵一卒就把手握重兵的曹操给吓跑了的故事。刘备在汉中自称汉中王，曹操亲自率领大军去征讨刘备，两军在汉水对峙。曹操把军队驻扎在汉水的北边，刘备则把军队驻扎在南边，两军对峙多日都没有进兵。当时刘备这边粮草支持不了多久，和诸葛亮商讨如何快速战胜曹操。诸葛亮发现在曹操军营的不远处有一座小山，就派出了赵云带领少量的士兵驻扎在那座小山上，顺便观察曹军的举动。并和赵云商议好，夜里只要诸葛亮一发信号，赵云那边就擂鼓助威呐喊假冲锋，主要目的是让曹军睡不好觉。这样几次，长时间的警觉加上失眠，让曹操这边身心疲惫。狡猾的曹操明白，诸葛亮多次佯攻的目的就是让他放松警惕。曹操觉得这个地方很不安全，随时都有可能被刘备率军偷袭，而且长久的失眠，会让整个军队士气大减。最后曹操决定退兵三十里，这样可以防止刘备偷袭，而且还可以睡一个安稳觉。

上面这两个故事讲的都是通过多次干扰而实现让对方丧失警惕性。在动物行为学的研究中，把这样的情况叫作"习惯化"。这种"习惯化"最常见的例子就是农村田间的稻草人。稻草人刚刚出现的时候，鸟儿们会如临大敌，吓得不敢靠近，但是渐渐地它们就习以为常，不再害怕了，甚至还会在水足饭饱之后，飞到稻草人的手臂上边梳理羽毛边唱歌。从生物学角度这很好理解，因为动物习惯化之后，就不会对无害的刺激重复做出反应，就会减少时间和体力的浪费，而把体力和时间用在觅食和求偶一类有助于个体生存和种系延续的终身大事方面了。

其实在我们身体里，在神经系统中，这样的"习惯化"的事情每时每刻都在发生着。

天气刚刚转暖，很多性急的美女就会迫不及待地穿上裙子，完全不在意气温乍暖还寒。因为裙子最能展示美女们的曼妙身材和卓越风姿，让她们成为马路上的风景线。

关于穿裙子，曾经有美女带着满面的享受告诉我："夏天穿裙子的时候，当轻风吹过，丝滑的裙子轻轻蹭到皮肤的感觉让人太享受了，能格外感受到夏日微风带来的凉爽！"虽然我无法体会到穿裙子的这种幸福感，但我用科研人员一本正经的表情问道："这种感觉能够持续多久？"答案当然是没有多久。如果你把注意力集中在腿部，你就会感受到这种美妙的感觉，但是只要你的注意力稍一转移，就不会再感受到这种感觉了。

这就是我们神经系统的绝妙之处。我们的感觉系统是神经系统的一部分。感觉包括视觉、听觉、平衡觉、嗅觉、味觉，以及痛、温、触、压等皮肤感觉。感觉系统的主要作用是感受环境的变化，既包括体内环境的变化也包括体外环境的变化，其中对体外环境的变化的感觉帮助我们感知和认识世界。尤其是在远古时期，感觉系统可以帮助我们的祖先发现猎物和敌害，有利于他们的生存。所以对于任何新出现的感觉信号，以及有异于周边环境的改变，我们的神经系统总是非常敏感的。比如，在一块黑板上出现的小飞虫总是能够被人第一时间发现，演奏中的乐队如果出现一个不和谐的声音会显得特别刺耳，裙子被微风吹起与腿部皮肤的摩擦会让美女感受到夏日的美好等。

但与此同时，经过亿万年的演化，我们的神经系统还具备了另外一个特点——对能量的节省！不需要传到大脑的感觉就不应该过多地消耗能量，也不应该打扰大脑。所以在我们的神经系统中，在感觉的传导过程中，要经过几个中间驿站。在驿站中，对需要传导到大脑的感觉进行放大，使之加强。反之，对于不需要上传到大脑的感觉就要对其进行抑制，使其减弱。所以，我们的感觉系统是很难对同一个感觉信号一直保持"新鲜感"的。一旦我们的感觉系统对某种信号适应了，就会发现这种信号所反映的事情对人体无害，"无关痛痒"，就会对其进行抑制，避免其对大脑的打扰，而让大脑可以集中到重要的事情上，有利于提高效率。试想一下，假如我们的神经系统需要关注身边的所有细微之处，如裙子对腿部的摩擦、身旁路人的窃窃私语、风吹过树梢的声音等，那么我们的大脑一定会被海量的不重要信息所充斥，大脑的效率一定会极低，甚至会崩

高子仡 绘

溃。但是一旦大脑皮层对某种信号进行了关注,那么对这种感觉信号的抑制就会解除,同时对这种信号进行加强,可以更准确地感受这种感觉。

所以美女刚刚穿上裙子的时候,对裙子丝滑的感受是最强烈的,但是过一会儿就会失去"新鲜感"而忽略了这种感觉。而一旦想特别感受一下的话,这个时候丝滑的感觉立刻就变得很明显了。

在我们的生活中,类似的例子比比皆是。

"众里寻他千百度,蓦然回首,那人却在,灯火阑珊处"。热恋中的男女,眼睛里只有那个他(她),似乎其他人都不存在了。在嘈杂的环境中，你所关心的人即使在远处说话，你也能听见。这些都是因为你的大脑把其他信息都抑制了，而把你所关心的光觉信号和听觉信号给加强了。

"所谓旅游，就是从自己待腻歪的地方到别人待腻歪的地方看看"，就是因为熟悉的地方无风景，大家对此习以为常，看不到新的或不寻常的刺激。

修建高速公路的时候，即使在平原，也不能将其修成笔直的，也是因为这个原理。因为笔直的道路会让驾驶员产生视觉疲劳，失去对视觉信号的新鲜感，容易产生睡意，造成危险。

听故事的魅力

　　守候在收音机旁边聆听中央广播电台的《小喇叭》节目，是我童年时难以忘记的美好时光。"嗒嘀嗒，嗒嘀嗒，《小喇叭》开始广播了"，每当一阵熟悉的前奏音乐过后，孙敬修老爷爷温柔、和蔼的声音便响起，"小朋友们好，从前啊……"，这似乎是所有故事开始的固定开场白，也是每个孩子精力的集合"号角"，聒噪的"神兽们"会立即安静下来，瞪大眼睛集中精力，生怕漏掉故事中的一个字。我想没有哪个孩子的童年是没听过故事的，也没有哪个孩子不爱听故事。

　　讲故事的历史应该是从人类学会使用火开始的。人类使用火已经有150万年的历史了，最初，人们用火烧烤食物，从而提高营养的吸收，减轻牙齿撕咬和咀嚼的负担以及胃肠的消化负担。有人认为正是由于火的使用，使得古人类能够获得足够的营养，才促进了人类大脑容量的增加。火还可以取暖，将古人类的活动范围从热带地区扩大到寒带地区，同时减少了人体为了御寒而消耗的能量。火还可以驱离危险的猛兽，让古人类的生存环境更加安全，在睡觉的时候不必像从前那样担惊受怕而只能跑到树上休息，有了火他们可

张丽丽 绘

以在地面上休息。火还有照明的作用，人类通过火光延长了一天中的有效活动时间，照亮了人们在夜晚中的希望，赋予了冷漠的黑夜一簇温暖，使劳累一天的古人类可以团聚在火堆旁，静静享受火光带来的安逸和幸福感，这可能就是"夜生活"的初始吧。在温暖的火光的烘托下，彼此的感情加深、交流增多，也有了跟大家分享每天日常的机会，从闲聊到讲述经历、介绍经验，再慢慢地也就变成了讲故事。

小孩子们在听故事的过程中也学到了其中的经验和道理，故事成为孩子们了解世界的工具。这是原始社会的社交，原始的家教、家风便由此开启了，故事塑造了我们的思想和社会，也增强了群体的凝聚力，传授了知识，巩固了原始的社会规范，并进而出现了神话、巫术、宗教等。民俗文化的起源大概也可以追溯到祖先围着火堆讲故事的时候。借此，文明得以传承。在一些只有语言没有文字的民族中，故事（或者叫作史诗）成为这些民族文化和历史记录的主要载体。即使到了今天这样的高科技时代，我们度假的时候，去海边、去草原、去旷野，我们也常常会燃起一堆篝火，一旦篝火燃起，在红红的火光映照下，周围的人们立刻会兴奋起来，人与人的关系也一下子亲密起来，这就是老祖宗遗留下来写进我们基因的古老习惯的作用。

现代神经科学研究发现，听故事是会上瘾的。听故事的时候，大脑的很多区域都会被激活，脑内会释放多巴胺和催产素，根据这两种神经递质对情感的正向作用特征——多巴胺可以带来幸福感，令人向往，不断地要听下一段；催产素可以产生亲密感，让听故事的人产生依恋，这些都提升了人类的家庭关系、宗族关系等。这就更可以解释小朋友们为什么听故事"上瘾"，要缠着大人不停地讲故事了。想起我小时候，每晚缠着大人们讲睡前故事，即使每天是同一个故事，即使那些故事我都能倒背如流，却从未降低过听故事的愉悦感。

从前有座山，山里有座庙，庙里有个老和尚。一天啊，老和尚给小和尚讲故事：从前有座山，山里有座庙，庙里有个老和尚，一天啊，老和尚给小和尚讲故事……这是我小时候最烦的故事，我也经常用这个故事来打发比我小的弟弟妹妹们。这个故事让听故事的人很烦躁的原因就在于一句"从前啊"，给人以期待，多巴胺开始分泌了，全身的激情都在等待着迸发，但是周而复始的车轱辘话，却无法促使催产素分泌，后续的情感没有了着落，自然会令人失落、沮丧，甚至有些愤怒。

我们从最原始的火堆文明开始，开启了成年人对孩子的行为及思想的影响，讲故事就是其中一个方面。发展到今天，更彰显了家长对孩子言传身教的重要性，家庭教育像一把钥匙，打开了孩子的性格、善恶观、品德等，这无疑是启蒙的第一道门。家长是孩子人生的第一导师，也是最重要的老师，孩子们性格和品德的培养，离不开家长的言传身教。而这一切就是从最初的讲故事开始的。所以听故事对于人类文明的发展、对教育，有着不可忽视的作用。

我相信，大家一定对这样一句标签式的故事结尾印象深刻——从此王子与公主幸福地生活在一起了。这是很多童话故事的美好结局。当然也有许多声音在说，故事都是骗人的，但不管是不是骗人的，至少在故事中结局是美好的，而正是因为这种美好，它才能像火光一样，给正处于黑暗中的人们带来希望，带来绝处逢生的正能量。毕竟故事也是来源于生活的。我们不妨怀着相信一切美好事物的心态去追求生活的美好，也许会有不一样的收获和惊喜。

所以，继续听故事吧，将这项如此重要的社会活动进行到底。

生态位

"小老鼠，上灯台，偷吃油，下不来，喵喵喵，猫来啦，叽里咕噜滚下来"，这是一首几乎所有孩子都耳熟能详的儿歌，已经被几代人传唱。在农村，讨厌的老鼠已经成了生活的一部分，人们研究出太多的灭鼠方法，可是老鼠令人瞠目结舌的生殖能力却使得它们获得了与人类代代共存的能力。

很多人可能不知道，在人们家里"做客"的老鼠有两种：一种叫作褐家鼠，体型稍微大一些；还有一种叫作小家鼠，体型小一点。通常情况下，褐家鼠住在家里的墙根、屋角及厨房、阴沟、仓库、垃圾堆这样的地方。而小家鼠住在衣箱、抽屉、橱柜这一类的地方。在房梁上行走的基本上就是小家鼠了。从这方面推测，上灯台偷油吃的老鼠应该是小家鼠的家庭成员。

褐家鼠和小家鼠在一个屋檐下同居却相安无事，就在于它们的生活习性不同，彼此在生活资源方面的竞争不大，也就是它们有不同的"生态位"。

有一年，我接到肯尼亚莫伊大学的邀请，到那里去讲学。其间校方专门安排了一个司机带着我去马赛马拉国家公园游览。在广袤的大草原上，漫山遍野、密密麻麻的野生动物令我目瞪口呆。一眼望去，目光所及的几十千米的范围内到处都是星罗棋布的各类野生动物。各种原先只能在《动物世界》等电视节目里看到的野生动物一下子就活蹦乱跳地成为"亲眼所见"了。

经验丰富的司机告诉我，有河马的地方一定有鳄鱼，这两种动物总是生活在一起。事实证明也确实如此。我当时住的宾馆位于一座悬崖之上，悬崖之下就是一条河，在酒店大堂就可以俯视整个河流及两岸。有一天中午，我正在大堂闲坐看书，突然听到一阵动物的叫声，听起来很像河马的声音。我起身来到悬崖旁，果然在悬崖下方发现了一大群河马。想起司机告诉我的话，我开始寻找鳄鱼。真准，离河马不远处就有大批的鳄鱼在河岸边晒太阳。司机告诉我，鳄鱼和河马彼此的食物不同，不存在食物竞争，所以可以在同一块领地上平安共存。

我问司机："草原上那么多的食草类动物，吃的都是草，为什么也能彼此相安无事呢？"司机笑着告诉我："虽然食草类动物吃的都是草，但是爱好的口味各有不同，就像有人喜欢吃海鲜，有人喜欢吃肉，也有人喜欢吃素一样。比如，非洲角马只吃嫩草，斑马与它吃同样的一种草，却要等草长得成熟一些才吃。而非洲大羚羊，也吃这种草，但是它们却吃已经长老了的草。这样的话，这些动物就能够在同一地方，在相互不争夺食物的情况下和平共处。"我恍然大悟，这就是不同的生态位啊！

在美国，有3种不同的蝙蝠，分别是棕蝠、银毛蝠和蓬毛蝠，它们都以空中的飞虫为食，看起来竞争不可避免。但是3种蝙蝠形成了非常巧妙的不同生态位，避免了食物竞争。它们在日落后不同的时间出行，就像值班一样，到了时间就换班，轮流捕食，所以彼此相安无事。

在苏门答腊的克坦贝地区，生活着多种灵长类动物。在这些灵长类动物中，叶猴喜欢吃树叶和种子，猕猴、长臂猿、红毛猩猩愿意吃水果，其中，长臂猿最喜欢吃浆果大小的水果，而红毛猩猩则喜欢吃个头比较大、外壳比较坚硬的水果，猕猴还经常抓各种各样的昆虫吃。这种对食物的不同喜好，使得它们可以各取所需，彼此互不干涉地长期和平共存。

生态位是指一个种群在生态系统中，在时间、空间上所占据的位置及其与相关种群之间的功能关系与作用。简单通俗地说，就是每一种动物都会错位发展，找到自己在生态中的位置，形成不同的"口味"和不同的"就餐习惯"，以便与其他动植物形成共存共生的生态环境。这是因为大自然中食物资源、居住资源等都是有限的，争夺有限的相同资源，势必产生生存竞争。而竞争的残酷性使得失

孙豪冰 绘

败者难以生存，亿万年生存竞争的结果就形成了彼此可以实现暂时动态平衡的生态位。分布在同一区域内的动物彼此食性和生活习惯不同，就可以减少竞争，有利于各自的生存。生态位不同的动物，其肠道菌群、牙齿形态，甚至消化道的结构乃至个头大小也都会发生适应性的改变。

生态位不仅存在于大型动物和植物中，也存在于微生物中。科学家曾经用两种不同的草履虫做实验，将双小核草履虫和袋状草履虫加入同一个细菌的培养皿中，很快发现两种草履虫迅速地找到了各自的生存空间。双小核草履虫生活在试管中上部细菌较多的部位，以细菌为食。而袋状草履虫则生活在试管的底部，以酵母为食。二者找到了适合各自的栖息环境，也就找到了各自的生态位，可以彼此相安无事地共生共存了。

明白了生态位的道理，也就可以理解我们生活中的很多事情了。

鲁迅的小说《故乡》里有一个叫闰土的人，是他幼年时的朋友。少年闰土在鲁迅笔下是一个朴实、健康、活泼、机灵、勇敢的农村少年形象。但由于闰土有着封建的思想和较强的等级观念，中年的闰土就变得小心谨慎、胆小怯懦，二人重逢时的一声"老爷"拉开了鲁迅和闰土之间的距离。这其实就是二人的生态位不同所导致的。

据说后来闰土的孙子成为鲁迅纪念馆的馆长，和鲁迅的孙子又成了好朋友，两家人的友谊在后人中又得到了延续。这也是由于现代社会人人平等，穷人的孩子也可以受到良好的教育，在新的社会结构中建立了新的生态位的结果。

我们常常祝愿友谊天长地久，但生活中的现实却是在人生的不同阶段有不同的朋友。人生苦短，只有短短几十年。各个不同阶段都会有不同的朋友和利益共同体。在某一阶段，当时的情况和条件下，自然会有和你志同道合的朋友。当你发展到新的水平，生态位发生了变化，就会在新的生态位上认识更多的人、更多的同事和更多的朋友。而记忆中的朋友，自然也会加入另一个符合他的生态位的新的朋友圈。

多年前，我曾经和一位非常有名气的成功人士聊天。他告诉我当他没有发达的时候，周围有很多人讽刺他、挖苦他，但是当他成功之后，又是另一番境遇。从这次谈话当中我学到了一个道理，如果你的身边有人嫉妒你、讽刺你、挖苦你，只能说明你做得不够好，和这样的人还在同一个生态位上。我们身边应该没有人嫉妒特朗普的官大，没有人嫉妒马斯克的钱多，因为我们和他们不在一个生态位上。但并非没有人嫉妒特朗普的官大，也并非没有人嫉妒马斯克的钱多，但嫉妒的人一定是在他们那个生态位上的人。所以遇到有人嫉妒你、讽刺你、挖苦你，不要生气，不要辩解，而是要努力！你需要努力提升自己，离开那些人的生态位，进入到更高的生态位！物以类聚，人以群分，这个群，也有生态位的含义。努力，就是要改变自己的生态位，进入新的人群之中！

从另外的角度而言，生态位的道理也告诉我们不要随大流，要发展自己的特长。人生也要错位发展，没必要千军万马过独木桥。不去"卷"，并不是躺平，而是要找好自己的发展方向，没必要羡慕别人，也没必要嫉妒别人，找准适合自己发展的生态位，每个人都可以活出自己的风采。

5

大千世界

"为了生活，人们四处奔波，却在命运中交错"，童安格的一首《把根留住》引起了众人的共鸣。我们的体内有着数不清的神秘机制支撑着我们在这大千世界中四处奔波。

春节收到一坨『翔』

家里养了一只宠物狗，是一只体型较小的泰迪犬，我们给它起了个名字叫"萌萌"。因为它最拿手的就是卖萌，通过卖萌在我家里骗吃、骗喝、骗感情。每次带萌萌出去散步的时候，总要带上几张废纸，为的是在萌萌排便的时候可以用废纸把它那臭臭的粪便包起来扔掉。

虎年春节放假在家，有一个朋友来看望我，带来了一份特殊的礼物，竟然是一坨"翔"！过年送我一坨"翔"，这是什么含义？是代表黄金吗？据说梦到"翔"，就是要发财的意思。但朋友送给我的是一坨大约有 100 克重的实实在在的"翔"！仔细看看，这坨"翔"还是有它的特殊之处的。首先是没有味道，没有那种让人忍不住想要捂住鼻子的不可细言的味道！其次，它是硬的，不是软绵绵黏糊糊的样子。更重要的是，这是一坨产生于 30 万~50 万年前的"翔"！这就很有意思了。时间真的可以改变一切，经过几十万年，"翔"已经不再是人见人烦的普通的"翔"了！而是可以作为礼物赠送的"翔"了。

原来这是一块粪化石！由于在发现粪化石的同一个地层，看到了大量的硕鬣狗的骨骼化石，所以推测它应该是硕鬣狗的粪化石。食肉类动物的粪便要比食草类动物的粪便更容易形成化石，所以推测是硕鬣狗的粪便还是有道理的。

历史上有一个叫作威廉·巴克兰的人，他在 1829 年首先发现了粪化石。而他发现的第一块粪化石就是鬣狗的粪化石。

1972 年，英国的建筑工人在一个建筑工地挖出来一块 5 厘米宽、20 厘米长的粪化石。经考古专家研究，这是一块少见的人类粪化石！推测这块化石来自 1500 年前的一位维京人，平时他应该是以面包和肉类为食。因为在化石中发现了很多虫卵，所以推测这个维京人平时肚子可能会不太舒服。目前，这块"遗臭万年"的粪化石被小心地保存在英国的一家博物馆里，并对公众展出。

人和动物的粪便刚排出的时候都是软软的，而且还有很多小动物依靠粪便生存，更有细菌会分解粪便，所以粪便是很难形成化石的。粪便形成化石的条件应该是它从腹中被慢慢地排出之后（一定不能是喷泻而出，那样无法成形），很快被灰尘或沙土所覆盖，这样就没有其他小动物来享受或者骚扰这坨幸运的"翔"了。天长日久，"翔"里的有机成分逐渐被无机成分替代，就形成了粪化石。

古生物界把化石分成两大类：实体化石和遗迹化石。实体化石指的是动物或者植物身体的一部分或者全部变成了化石。遗迹化石记录了有机体的存在或行为，或者保存了有机体制造的某种东西，比如足迹化石等。粪化石就属于遗迹化石。

通过识别粪化石里未消化的食物残渣，可以帮助古生物学家们了解远古时代动物的饮食结构，进而分析当时的生态。2024 年 11 月 27 日发表在《自然》杂志上的一篇论文就对 2.3 亿~2 亿年前的恐龙粪化石进行了研究，从中识别出大量的昆虫、鱼、大型动物及植物的残渣。科学家们通过在粪化石里发现的骨头渣子推测，早期的食肉恐龙很可能像现在的鬣狗一样，会嚼碎猎物的骨头以获取其中的盐和骨髓。

　　春节后的一天早晨，我正在吃早餐，突然发现淘气的萌萌并没有像往常一样出现在我的脚边。通常情况下，每当我吃早餐的时候，萌萌总会准时地出现在我的脚边，哼哼唧唧地发出声音，试图引起我的注意。而我总是要从我的早餐里分出几块肉，用刀切成小块喂给它，这已经是我们多年来的默契了。吃早餐的时候萌萌没有出现很反常，我的妻子赶紧去查看到底发生了什么。片刻间就听见妻子惊呼："萌萌拉到地板上了。"老妻气哼哼地寻找小萌萌，却见到它正蜷曲在自己的小狗窝里瑟瑟发抖，眼神里充满了恐惧，而旁边的狗笼子里，在它通常排泄的地方，还有一小坨它排出的"翔"。案子立即就破了，整个过程也很清晰，一定是萌萌正在排便，突然听到

王淑岩　刘欣雨　绘

我开始吃早餐了，于是立即奔向餐桌，准备分一杯羹；但是因为还没有排完便，走到半路腹中内急，在先去吃还是先去排便的犹豫中酿成了"大祸"，把"翔"拉到了地板上。这个时候，懂事的小萌萌知道自己犯了错，没有脸去要吃的啦，赶紧返回窝里，在惴惴不安中等待着"事发"。破案之后，我和妻子都不由自主地因为这一滑稽的过程而开怀大笑。妻子清理了地板上的"翔"之后就去安慰小萌萌，而我则感慨，小萌萌的这坨"翔"肯定是没有机会变成化石了。

虽然朋友大过年给我送了一坨"翔"，但我还是非常快乐地接受了它！

时差与生物钟

　　小的时候我读过法国著名科幻小说家儒勒·凡尔纳的一部小说，叫作《80 天环游地球》。小说里的主人公英国绅士福格先生在俱乐部同牌友打赌，他将从伦敦出发，用 80 天的时间环游地球一周。为了打赢这场赌，福格先生几乎搭上了全部的身家。他带着法国仆人万事达，踏上了一段浪漫而惊险的旅程。在 80 天内，他马不停蹄地穿梭于异域，一路险象环生。最后，他比预想的时间晚了一天回到伦敦，但是他却赢得了赌注。原来是他在穿过国际日期变更线的时候，忘记减少一天了，所以他多计算了 24 小时。多亏他的仆人万事达发现了这一情况，他才及时地赶到俱乐部，赢得了赌注。

　　后来有一位叫作比斯兰的女士按照书中的描述，用了 79 天时间就环游了地球。现在也时不时传来有人效仿福格先生的旅行路线环游地球的消息。

　　1900 年 10 月，莱特兄弟发明了飞机。虽然首次飞行只持续了几秒钟，高度也只有一米多，但这次飞行改变了世界。飞机的发明使得人类可以突破地理的限制，实现高速旅行。长途旅行不再是一个漫长的过程，环游地球也变得相对简单了。但是飞机给我们提高出行效率的同时，也带来了福格先生未曾体验过的一种不愉快的感觉，就是时差。时差能产生疲劳感，但这种感觉因人而异，有的人感觉不那么强烈，也有的人感觉非常强烈。即使是同一个人，在不同的时间也会有不同的感受。闹时差的时候，到了该睡觉的时间，昏昏沉沉却又睡不着。在该清醒的时候，却又打不起精神，昏昏欲睡，没有食欲，浑身无力，别提有多难受了。所以各种克服时差的窍门儿应运而生。

有的人是在乘坐长途飞机的时候靠吃安眠剂克服时差的，但我不喜欢也不推荐这种方法。我的窍门儿之一是在长途旅行登机进入机舱之后，立刻就把手表调到目的地的时间。这个小窍门儿是我在20世纪80年代中国女排首次夺冠的采访花絮中学到的。我发现这是一个非常有效的办法，虽然只是调整手表这样一个简单的动作，却可以让你在潜意识里已经进入了目的地的时间。

另外，我也独辟蹊径，发现了一个我独有的小窍门儿。根据飞机抵达的时间来调整出发前一天的作息时间。如果计划抵达的时间是晚间，到达目的地之后不久就要休息入睡，那么就要在乘坐飞机时尽可能地不睡觉或者少睡觉，尤其是飞行的后半程一定不能睡觉。因此出发前的一个晚上就一定要休息好，要保证充足的睡眠，这样在飞机上就可以少睡些觉，并且需提前准备好在飞机上看的书、视频，或是需要做的案头工作，以便充分利用飞行的时间，不会因无聊而感到困倦。我最喜欢乘坐在早晨抵达目的地的班机，因为早晨抵达目的地之后就需要精神抖擞地投入工作，这样就必须利用在飞机上的时间充分睡好休息好。为了保证在飞机上能够有很好的睡眠，在出发前一天的晚上就有理由少睡一点，甚至可以光明正大、理由充分地熬个通宵。这对于夜猫子的我当然是非常开心的了。我会做自己喜欢做的事情，例如，做些案头工作，看看书，或者干脆在网上打扑克消遣时间，最常玩的就是大连人最喜欢的"打滚子"了。

刘路遥 绘

这样一来，登机的时候，全身无比疲乏，很快就会入睡。

这个小窍门儿我屡试不爽，我最夸张的一次飞行经历是去美国的亚特兰大，在首尔转机登机后甚至没有等到分发餐盒我就进入了梦乡，而最后飞机着陆时，飞机轮胎触地的震动才将我唤醒，就这样在甜美的梦中度过了长达十几个小时的行程。那是倒时差最成功的一次，下飞机的时候我精神抖擞，感觉漫长的旅途只是一瞬间，所以错过了飞机上的餐食也没有什么可遗憾的啦。

时差产生的原因之一在于地球上存在不同的时区，有着不同地区的时间差异。时区是由于地球自转导致不同区域白天黑夜的时间不一致，所以全世界按照经度划成 24 个时区，同一个时区内使用同一时间。同时设立国际日期变更线，作为"今天"和"明天"的分界线。当人们从西向东越过这条线的时候，就要减少一天，从"今天"回到"昨天"。如果从东向西越过这条线的时候，正好相反，需要增加一天，从"今天"进入"明天"。《80 天环游地球》里的福格先生就是因为从西向东旅行，穿越日期变更线的时候忘记了减少一天，才出现回到伦敦之后由大悲转为大喜的情形。

　　时差产生的根本原因在于我们体内有生物钟。生物钟是我们体内的一种无形的时钟，它是我们生命活动的周期性节律，是人类乃至生物适应地球转动带来的昼夜变化、四季变化的一种行为表现。由于地球自转一周是 24 小时，地球上的生物也都以 24 小时为一个周期形成了生物钟的周期。人类日出而作、日落而息的生活习惯，很多夜行性动物昼伏夜出的行为都是由生物钟所致。很多人都有这样的体会，好不容易熬到周末，可以不用着急上班儿，不用闹钟了，希望能够睡一个懒觉，睡到自然醒，享受生活带来的清闲一刻。但是到了第二天还是习惯性地按时醒来，导致睡不成懒觉，这就是我们的生物钟在发挥作用，包括晚上会感觉困倦、中午会感到饥饿等，都是受到生物钟的影响。

　　目前很多科学家认为松果体是人类生物钟的所在地。松果体是位于脑内间脑顶部的一个只有两粒大米那么大的内分泌腺体，可以分泌褪黑素。虽然松果体位于颅腔的深部，但是视觉系统有神经纤维可以把光感传递到松果体。松果体分泌的褪黑素在光照明亮的时候减少，而在黑暗的时候增多，从而影响睡眠和觉醒等活动，通过这种方式就可以影响人类的"生物钟"了。有一种调节睡眠的口服商品，它的广告词"今年过节不收礼"几乎人人都能脱口而出，广告是用动画做了一个老头和一个老太太在屏幕上扭来扭去，做欢乐状，其主要成分就是褪黑素。

在《80 天环游地球》中，幸运的福格先生并没有受到时差的折磨，是因为在当时他的旅行速度虽然比过去快，但是当时的交通工具主要还是马车、火车和轮船，可以有一个让他在旅行途中逐渐适应当地时间的过程，时差感受并不明显。小说中通过福格先生能够在 80 天内环游地球来说明当时的科技进步和交通工具的先进，但毕竟和今天的日行万里的飞机还是无法同日而语的。在当今，"坐地日行八万里"已经不再是诗人的畅想，而是成为现实了，所以时差的感受也就越来越明显了。

如果从生物演化的角度来说，时差产生的原因，是技术的进步远远快于人类进化的速度。人类还没有进化出能够适应在短时间内进行远距离旅行的时间调节机制，所以研究如何克服时差的窍门儿还是很有必要的。

地球自转一周需要 24 小时，在亿万年的演化过程中，人类形成了以 24 小时为周期的生物钟。月球自转一周需要 27 天 7 小时 43 分钟，如果未来人类搬迁到月球上，除了一大堆的技术问题之外，生物钟的调节也是一个必须面对的重要问题。毕竟 24 小时和 27 天的周期相差甚远，恐怕难以通过调节去适应，更加可行的方案应该是建立一个人工的以 24 小时为周期的光线调控系统。从这个方面来看，火星的自转周期是 24 小时 37 分钟，与地球的自转周期比较接近，如果人类未来迁移到火星上，可能更容易适应其昼夜节律。

但是科技的每一次进步都必然会对人类的生活产生或大或小的影响，甚至会颠覆我们原有的生活方式。智能手机的出现，也在大家还没有意识到的情况下，悄悄地对我们的生物钟产生影响。正常情况下，到了应该睡觉的时候，我们的生物钟会发挥作用，这个时候我们感觉眼睛睁不开了，眼睛酸胀，一遍一遍地打哈欠，头脑也昏昏沉沉的，这些信号都在提醒我们该睡觉了。但是智能手机的出现改变了这一切，它可以把娱乐带进被窝，在我们昏昏沉沉即将睡着之际，一条短视频、一条友人的信息、一段语音，就会改变我们困了就入睡的传统习惯。在"看完这条就睡"的自我安慰之余，人们对困意的感知变得迟钝了，入睡的时间不断推迟，睡眠的时长不断缩短，我们的生物钟也在不断地调整和适应。很多人都曾发生过这种情况，手机从手中脱落，砸在脸上，还勉强睁开眼睛，再次拿起手机，"再看最后一条"。这也算是科技进步对我们的生物钟带来的除了时差之外的又一次新的挑战。

采耳的妙处

　　有个很有趣的谜语：上边上边，下边下边，左边左边，右边右边。打一动作，谜底是挠痒。这个谜语以极强的画面感再现了一个人给另外一个人挠痒的场景，甚至透过谜语就能够让人联想到被挠痒的人满脸享受的表情，所以每次揭开谜底的时候总能引起哄堂大笑。

　　说起"痒痒"，我们不自觉地就给它匹配了"挠挠"，身上痒是很难受的，必须要挠了才舒服，就连熊也会在树干上蹭蹭，以解后背之痒。我家养的小宠物狗，总是把嘴巴在地毯上蹭来蹭去，也是为了解痒。网名"花蚀"的著名科普作家在他《逛动物园是件正经事》一书中还专门介绍了北京动物园设计的一种新式的用树干制成的木桩，它就是给大象蹭痒用的。这样就改善了动物的生活，同时也可以让观众更好地观赏到大象的自然行为。人类作为万物之灵，处理痒的方式自然比动物们要高级很多，可以借助工具止痒，这就是几乎家家必备的痒痒挠！

　　如果挠了也不解痒，那么"唯有分心是好方"了。"痒痒"和其他感觉一样，都是我们作为生物感知世界的一种方式。感觉可让我们感受身体内外的环境变化，这种感受之后被传递给大脑，大脑据此做出判断、发出指令，我们的身体才会给出相应的反应。我们最直观的感觉当属视觉，通过光线感知色彩斑斓的世界，眼睛如此重要，在动物界却并不是"人人"都有的。全世界的动物可以分为38个门，其中仅有6个门的动物可以"看"世界，其余32个门的动物都是"盲人"，而最终有眼睛的动物统治了世界，如脊椎动物门。这充分说明了视觉的重要性。而珊瑚、绦虫、蛔虫等动物虽然没有视觉，但是它们进化出的其他非视觉器官也足以支持它们的生存。和视觉密切配合的还有听觉和嗅觉，三者共同完美地展现了一个活色生（声）香的世界，如果我们再让这些感觉走了心，那会碰撞出更多的精彩。除此之外，还有我们最熟悉的浅感觉，如痛觉、温觉、触觉和压觉，感知空间位置的平衡觉，以及感知身体各个位置的本体感觉等。

在生物演化的进程中，凡是没有用的结构和功能，就一定不会保留下来。"痒痒"在我们看来是一种挠挠就能解决的问题，伤害性不大，但是这种感觉在动物的进化过程中却依然被保留了下来，这说明"痒痒"对生物的生存其实有着不可忽视的价值。为此，国内研究"痒痒"感觉最有成就的专家之一，空军军医大学的李云庆教授给出了答案。

"痒"是皮肤感受器感受外界环境异常的一种预警机制，这种机制就是在提示外界环境的变化，从而使机体及早做出规避。比如，蚊虫爬过皮肤，带动汗毛振动产生了痒的感觉；接触到有害物质，局部皮肤里的肥大细胞通过脱颗粒释放化学物质，这些物质作用到化学感受器，也会诱发皮肤潮红、划痕、瘙痒等类似过敏的反应，提示外界病原体正在侵蚀皮肤等。瘙痒和痛觉都是皮肤感受器对外界环境变化的反应，但是痛觉不仅出现在皮肤表面，还可以发生在身体的各个部分，包括内脏、关节等。而瘙痒只出现在身体的皮肤表面和黏膜。所以相比痛觉，瘙痒对生物体的保护作用更倾向于一种预警机制。就像我们看到小狗拼命地用爪子挠耳朵背面，它或许正在遭受螨虫的叮咬呢。

研究发现，"痒痒"这种感觉是从两栖动物开始出现的。科学家之所以这样判断，是因为从两栖动物开始，体内就出现了可以产生痒感的化学物质——组织胺，同时也出现了组织胺的受体。

两栖动物是最早成功登陆的脊椎动物类群，使脊椎动物的活动范围从水中转移到了陆地，随之也出现了新的问题——寄生虫的侵袭及部分植物的刺激。脊椎动物在触觉和痛觉的基础上又出现了新的感觉需求。对于蚊虫叮咬和一些刺激性植物的接触，脊椎动物在身体上可能会产生一些虽然不致命，但是会引起不舒服的局部伤害感觉。而身体对痛觉和瘙痒的反应也有不同。感受到痛觉时，身体的反应是迅速躲开。而感受到痒时，身体的反应是抓挠，除掉这些不舒服的感觉。也有的人认为，鱼类没有痒的感觉是因为没有四肢，无法抓挠。两栖动物出现后，有了四肢，可以抓挠身体各个部分，痒也就应运而生了。

痒为什么要挠呢？挠了为什么会舒服呢？挠痒痒其实是通过抓挠使皮肤产生了轻微的痛觉，这种轻微的痛觉抑制了痒的感觉，而且痛觉产生的时候会增加脑内多巴胺、阿片肽等化学物质的分泌，也正是因为这些物质作用到脑内各自的受体，大大增加了我们的舒适感，让我们在挠痒痒的时候有一种全身酥软，如醉如仙的感觉。北方人搓澡的时候，要搓到稍微感觉疼了才舒服也是这个道理。

我们反过来思考一下，痒能不能抑制痛呢？记得小时候，我在火盆中烤地瓜时，滚烫的地瓜烫了手，妈妈赶紧跑过来对着我的小手一边吹风，一边揉揉被烫的皮肤周围。不得不说，这吹一吹、揉一揉确实有奇效，真的感觉没那么疼了，这不就是风带来的痒感和揉一揉的触觉对痛觉的抑制产生了效果嘛！还有蚊虫叮咬的包，痒得受不了，但是又不能挠，这时候用指甲在包上用力掐个"十"字，好像被疼痛压制的包，真的不那么痒了。神经性皮炎，常伴随难以忍受的皮肤瘙痒，但是越挠，皮肤损伤和丘疹越严重，所以为了缓解痒痒，人们也会选择拍打等方式利用疼痛来止痒。当然，这些效果是有科学依据的，这就是著名的痛觉闸门控制学说。这是一种疼痛控制学说，即伤害性感觉（疼痛）和非伤害性感觉（痒、触觉等）都传递到脊髓后角的一个叫作胶状质的板层地方，在这里两种传入的神经纤维可以分别抑制或激活胶状质内的抑制性中间神经元（闸

宋杨 绘

门），从而产生对疼痛信息传递的调控效应。当然，我们在生活中也会体验到当痛觉加强时，痒感则会削减，当痒感增加时，痛觉也会削弱等现象。

虽然痒是一种预警，但是也有一种痒是舒服的、是享受的，那就不得不说说"采耳"了。在成都，很多人都体验过"采耳"，它被评为非物质文化遗产，给人痒并快乐着的体验。据说这种技术早在唐朝便已开始流传。采耳本是一种清洁方式，发展至今却成了一项享受性的服务，不管是成都人，还是成都的过客，都会爱上这种痒痒酥麻又刺激的感觉。尤其是鹅绒划过耳畔，缓缓探进耳朵，那一瞬间，全身都舒坦了。正是因为采耳的这种独特魅力，在文人墨客的笔下生出了令人神往的曼妙，好一个"湘江风光龙凤韶，我歌采耳笔难描。竹签细细长长进，玉手轻轻慢慢挑。步步惊心心痒痒，丝丝醉魄魄飘飘。微微眯眼无须语，纵是神仙不与聊"，最后音叉清越的响声将享受在九霄云外的人拉回现实，采耳结束。

你可以成为球星，也可以成为卖油翁

提到包饺子，我可是有童子功的。还是在刚读小学的时候，我的姥姥就开始耐心地教我包饺子。擀饺子皮儿的时候中间要稍微厚一些，包饺子的时候，四指托住饺子皮儿，拇指要摁平饺子皮儿中间较厚的区域，尽可能地填馅儿，然后用双手食指和拇指向中间用力一捏。这就是一个胖乎乎的饺子的形成过程。所以自那时起，我妈妈会很得意地和邻居讲，家里年三十的饺子都是我包的。

大年初二，我带领课题组的老师们前往学校看望留校未能回家的学生们，和他们一起过年，教同学们如何擀皮儿和包饺子。虽然我已经多年不做家务活了，但是在一盘子形态各异的饺子里面，我可以很得意地一眼认出我包的饺子，一如往年，很漂亮。这实际上就是多年的习惯性动作形成的一种动作规律，而且这种动作一旦学会就不会再忘记。

其实，这种动作规律，在运动员的训练中表现得更为突出。运动员日复一日地进行着枯燥的训练，实际上是为了形成一种动作记忆或肌肉记忆，从开始阶段的大块肌肉的动作训练，到后来微小肌肉的渐进性训练形成的动作记忆。这也是动作由生疏到熟练再到精通的过程。通过这种记忆，使得运动员在比赛的时候可以不假思索地做出准确且完美的动作，从而取得比赛的胜利。据说高水平的羽毛球运动员可以轻松地把羽毛球准确地打入摆放在球网对面的羽毛球筒里，这就一定是长期反复训练的结果，使得全身大块肌肉群和腕部以及手指的每一块小肌肉形成了完美的协同和配合。武术、舞蹈、杂技、跳水等，各行各业的训练无不如此。当然，这种动作的控制与我们神经系统中的运动中枢是密不可分的。

控制我们运动的神经传导系统，被人为地划分为两个部分，分别是锥体系和锥体外系。锥体系由大脑的运动皮层控制，作用是发起运动，让我们动起来。而锥体外系由运动皮层之外的大脑皮层以及大脑基底核、小脑等控制，作用是让我们的运动彼此协调。这两个系统互相协调配合，缺一不可。在运动员训练的过程中，动作是由锥体系来发出和控制的，但是通过不断地训练形成了一种习惯，从而产生了动作记忆。实际上就是锥体外系在发挥作用，形成了这种节律性、习惯性的运动。

锥体系负责运动，而锥体外系进行精准配合。所以当锥体系受损的时候，如交通事故等导致的脑部损伤或者脊髓受伤，就会造成运动不能。比如，高位颈髓的损伤会导致四肢瘫痪。而锥体外系受损会造成运动的不协调，如帕金森病、舞蹈症等，由于肌肉的张力发生变化，导致运动动作无法做到精准。但是锥体外系所控制的运动有一个特点，就是当记忆或是习惯一旦形成便很难忘记。所以没有人会忘记如何骑自行车，也没有人会忘记如何游泳。即使我们数十年不骑自行车或者不游泳，多年后再次尝试，我们还是会骑自行车、会游泳。类似于骑自行车或游泳的这种习惯性动作，一旦形成记忆之后，想改变是很困难的。再比如打羽毛球的时候，千万不要小看退役多年的专业运动员。即使退役多年，他的动作会变得生疏，但是他的动作标准性一定超过我们这些业余爱好者，我们还是得尊称其一声前辈。所以在我们的生活中，如果有人告诉你，我去年学会了游泳，今年怎么又忘了？你就要清楚，这实际上是根本不可能的，这只能说明他去年根本没学会，同时还暴露了他自尊心过强、好面子。所以我们要照顾好他的自尊心，不要轻易地戳穿真相。

有一个成语"邯郸学步"，是《庄子·秋水》里的一个故事，说的是有一个燕国人到赵国的首都邯郸去，看到那里人走路的姿势很美，就跟着学起来。结果不但学得不像，还把自己原来的走法也忘了，只好爬着回去。这个成语用来比喻生搬硬套、机械地模仿别人，

高子伉 绘

不但学不到别人的长处，反而会把自己原有的本事也丢掉。

明白了锥体外系的作用特点，我们就会明白，走路的动作属于习惯性动作，也是节律性动作，学会了就不会忘记。所以"邯郸学步"的故事是不科学的，是不可能发生的。但是其中蕴含的哲理却是我们不能忘记的。

在初中时我们学过一篇课文，是欧阳修的《卖油翁》。讲的是一位卖油的老翁在看到康肃公陈尧咨射箭，十箭可中八九，之后不以为然地说了一句，"无它，但手熟尔"。康肃公忿然曰："尔安敢轻吾射！"翁曰："以我酌油知之。"面对康肃公的愤怒，老翁淡定地拿着一个葫芦，把一枚铜钱盖在葫芦口上，然后慢慢地把油倒入葫芦里，油从铜钱孔注入却一滴都没有洒在铜钱上。然后老翁说了一句，"我亦无它，惟手熟尔。"陈尧咨笑着将他送走了。

在上海有一位我的同行，是一位 71 岁的解剖学教授，他闲着无事，看着手痒，动手帮邻居分割猪肉。老教授动作娴熟，瞬间就完成了骨肉分离，不禁让我想起庖丁解牛也是相同的道理。

"宝剑锋从磨砺出，梅花香自苦寒来""台上一分钟，台下十年功"，我们的手熟，我们的"台下十年功"，都是在训练我们的锥体外系啊。

只要下功夫，人人都是"卖油翁"，人人皆可成为球星！

不经过大脑

有一个笑话，一个名叫费罗的英国人开着偷来的车去抢药店，殊不知当他抢劫结束时，他偷来的车被别人偷走了，待在原地的费罗很快遭遇另一名劫匪，手上的赃物又被抢走。面对此情此景，费罗竟然情绪激动地跑去警局报警，说自己偷来的车和抢来的赃物都被盗抢了，警察听后很同情他，于是决定送他去吃免费的牢饭。

生活当中还有很多这样的事例和这种低级的错误，我们把这种低级错误叫作做事情"不经过大脑"。

但实际上有很多没有经过大脑思考就行动的事情却无时无刻不在我们身边发生，这不仅不是"低级错误"，恰恰是亿万年演化而来的，对我们极其重要的一种神经机制，我们称之为"反射"。

反射是生物体快速对环境进行反应、减少能量消耗的一种程序化和模式化的本能的神经机制。比如，我们做饭的时候，手碰到火，会瞬间做出反应，把手闪电般抬起，避免受到更大的伤害。这时候的反应就没有经过大脑思考，也不需要经过大脑皮层的分析，而是在脊髓就直接做出了反应。

反射所依赖的路径叫作反射弧，它包括感受器、传入神经、中枢、传出神经、效应器。通过感受器和传入神经就把感觉信号传递到中枢，再通过传出神经和效应器做出反应。信号的处理在于中枢，它可以是脊髓也可以是脑，但不在大脑皮层。相对于作为高级中枢的大脑皮层，我们把它叫作低级中枢。反射是在低级中枢就可以做出的反应。

我们身体有很多反射，比如当我们听到巨响或者在黑暗中看见亮光，我们就会控制不住地把头转向声音或光线的来源，这就叫"探究反射"。实际上在远古时期，这种对于觅食时发现食物或者活动时发现敌害的反射是必需的，是有利于我们生存的反射。

还比如瞳孔对光反射，当我们遇到强光时瞳孔会缩小，这是为了减少光线对视网膜的刺激，当光线过强时会烧灼视网膜，所以需要缩小瞳孔，这也是对我们身体的一种保护机制。在电影和电视剧中，我们会经常看见医生用手电看患者的眼部，就是为了确定患者的瞳孔对光的反射是否存在。如果经手电照射后瞳孔缩小，就说明患者还有一定的神经反射能力，如果瞳孔没有缩小就说明患者已经没有了神经反射，生命垂危了。

再比如角膜反射，是指用细棉签在角膜外缘轻触患者的角膜，被检者迅速闭眼。这种反射可以避免异物进入眼中，进而保护眼睛。

呛咳反射，是指咽、喉、气管等因异物刺激而产生的保护性咳嗽反射。我们边说话边吃饭的时候，一不小心食物进入气管，呛咳反射就可以把走错路的食物咳出来，也是保护性反射。

还有一些原始反射，只存在于婴幼儿时期。比如当你把手放在婴儿的手中时，他的小手会很快握住你的手，这是"握持反射"。当你看见小猴子紧紧抱住猴妈妈的状态，你就会明白握持反射的作用了。吮吸反射，当你把手指放在婴儿的嘴边，婴儿就会立刻吮吸。还有排便反射，因为婴幼儿的神经系统还没有发育完全，当他们有了尿意或便意时就会直接排出。当然随着年龄的增长和家长的教育，也就知道了控制，这个时候就体现出大脑皮层对反射的控制作用了。

虽然反射不需要经过大脑，但是可以被大脑皮层控制。我们最常见的就是膝跳反射，医生用小巧的叩诊锤敲击患者的膝盖下方，小腿就会往前踢。体检时经常做这种检查，但医生不会提前告诉你要检查膝跳反射了，而是突然去敲你的膝盖下方。因为注意力的集中会让膝跳反射被大脑皮层抑制。在检查时，有经验的医生常常会和你聊天，其实聊天内容对医生而言并不重要，他只想转移你的注意力。

高子仡 绘

还有一种反射叫作条件反射，是在出生后才能形成的。

著名的生理学家巴甫洛夫曾经做过一个实验，在每次给狗食物之前都会给它一个灯光，然后再给食物，经过灯光与食物多次结合后，再次给狗一个灯光，即使没有食物，狗也会流口水。这时狗已经形成对灯光的条件反射。这一著名的发现使巴甫洛夫获得了1904年的诺贝尔医学奖。巴甫洛夫相信，所有学习得来的行为，不管是在学校里面，还是在学校外面获得的，"只不过是一长串的条件反射"。

与"条件反射"相对应，我们把上面的那些不需要条件刺激的反射叫作"非条件反射"。非条件反射可以理解成动物的本能，不需要任何条件，只要刺激物出现，就会引起反应。

我们的大脑对条件反射和非条件反射都可以进行控制。

我们每个人都有自己的名字，当听见有人喊我们名字的时候，我们常常不假思索地立即答应，这也属于条件反射。有经验的警察在抓捕犯人时，如果无法确认是不是本人，会故意喊嫌疑人的名字，只要嫌疑人不假思索地应声，就会立即确认罪犯身份，这就是条件反射实际应用的例子。

让我的老父亲最自豪的事情莫过于给我起了一个好名字。他老人家的观点是起名字不能轻易重名。因为隋姓比较少见，目前我还未碰见过和我名字完全一样的人。

在我们的生活中，重名的情况会很多。据统计，全国最常见的名字是"张伟"，有近41万人叫这个名字。其中87%是男性，17%是女性。女性最常见的名字是"李娜"，全国有27万人叫这个名字，其中还有300余名男性李娜。对于这些经常重名的人，他们的条件反射就"不同常人"了。

我的朋友圈里有4个"李毅"，我都得特别做出标记加以区别。我曾经和其中的一位与我关系很密切的"李毅"进行过交流："听到有人喊'李毅'，你是如何反应的？"答案是绝不立即回头，而是缓慢地往前走几步，然后才装作不在意的样子回头看看。当看见旁边有人兴高采烈地向喊话的人走过去，也就知道那人也叫李毅，然后继续走自己的路。当一看到是熟人在喊，就赶紧面带笑容地走过去。这时候的条件反射就是"有条件的"条件反射了，需要经过大脑的判断了。这个例子我经常在我的课堂上使用，也常常引起"李毅""张伟""李娜"等人的共鸣。

管宁和华歆是三国时的两位名士。有一次，两人同席读书，附近有官员经过，前呼后拥十分热闹，管宁依旧安心读书，而华歆却忍不住将书本丢到一边，跑出去看热闹。此举被管宁视为心慕官绅，亦非君子。于是，管宁毅然将二人同坐的席子割开，与之分坐，断了二人的交情。

听到了声音就转头，关注一下，这属于本能的反射，无可厚非。但是去看热闹，还是依旧安心读书，却涉及处事原则和修养，甚至志向的不同，是大脑的判断。所以管宁自然就要"割席"了。

动物看到食物就会流口水，这是本能的非条件反射。但是我们吃席的时候，即使满桌都是玉盘珍馐，在开席之前却只能正襟危坐，而不能动筷子，这就不仅是对反射的抑制，而是已经提升到了礼貌和文明的高度了。

新生儿有了便意可以随时释放，这就是反射，不需要经过大脑。后来逐渐长大，知道了"不能随地大小便"，这就是大脑对反射的控制力加强了。而到了老年的时候，随着大脑皮层的老化，控制力逐渐减弱，开始用上了"尿不湿"，就只能感叹时光荏苒，岁月蹉跎，"最是人间留不住，朱颜辞镜花辞树"了。

我们的体内有『鸦片』

多年前我在大连医科大学附属医院做实习医生的时候，曾遇到过一个药物成瘾的患者。他瘦骨嶙峋，跪在地上，一副浑身无力的样子，正鼻涕一把眼泪一把地央求医生给他开一支杜冷丁。这是我第一次面对药物成瘾的患者，当时还年轻的我无法理解这种成瘾的行为。时隔不久，我的一位朋友患了胆结石，疼痛难忍之际，医生下了杜冷丁注射的医嘱。根据我当时所学的医学知识，我劝阻了疼得龇牙咧嘴的朋友想要注射一整支的想法，于是半支下去，他很快就睡着了。后来据他描述，醒来之后走路的感觉是轻飘飘的，脚底像踩了棉花一样，心情非常愉快。这让我对杜冷丁与成瘾有了新的认识。我马上告诉他，即使感觉再疼也不要再注射杜冷丁了，不然恐怕有成瘾的危险。工作后一位认识的警察朋友告诉我，很多吸食毒品成瘾的人认为，毒品会给他们带来欣快感。当然，这种极端的观点是非常错误的。

毒品来源广泛、种类繁多，在我国近代史上关于毒品也有着浓墨重彩的一笔——虎门销烟，销毁的就是鸦片。在阿司匹林诞生前，鸦片是重要的镇痛剂，甚至一度被认为是"包治百病的良药"，除了

张丽丽 绘

镇痛，还被用以对抗焦虑、烦闷、长期疲劳、慢性疼痛、失眠等症状。在我国，其实早在张骞出使西域时就有鸦片传入，也有中医将鸦片作为镇痛药品使用的记载，但也强调了鸦片会造成成瘾的危害。

　　其实我们体内也"藏"有"鸦片"——内啡肽。内啡肽是我们体内产生的一种"快乐"激素，它的分泌可以给我们带来愉快的感觉和天然的镇痛效果。由于内啡肽是自己身体内产生的，为了和体外输入的外源性鸦片相区别，我们把体内产生的叫作"内源性鸦片"，它和体外输入的外源性鸦片有着本质的区别。在生物演化的进程中，凡是和个体生存、种群繁衍有关的行为和活动，都会在我们体内悄悄产生"内源性鸦片"内啡肽。而在做运动、吃甜食、谈恋爱的时候，也少不了内啡肽的产生。内啡肽的产生会让我们获得一种舒适的满足感和快乐感，是令人非常享受的。所以，有时候我们所说的追求成功、追求胜利的快感，其实就是追求脑内内啡肽的分泌。

中医中的针灸，也可以很好地发挥镇痛的作用，其原理就在于激起了脑内的内啡肽的分泌。我在读硕士研究生的时候，曾经参与了导师关于针刺镇痛原理的研究。结果发现，针刺大白鼠的人中，确实能够提升大白鼠对疼痛的耐受力。而进一步的研究发现，针刺之后，大白鼠脑内有一个和痛觉有关的区域，叫作中脑导水管周围灰质，这个区域内的内啡肽的释放增加了。

北宋大文学家、大书法家苏轼在新婚之夜、洞房花烛之时，诗兴大发，给自己含情脉脉的新娇妻王弗写下了一首词《南乡子·集句》："寒玉细凝肤。清歌一曲倒金壶。冶叶倡条遍相识，净如。豆蔻花梢二月初。年少即须臾。芳时偷得醉工夫。罗帐细垂银烛背，欢娱。豁得平生俊气无。"此刻，也一定是大文豪体内内啡肽荡漾之时。

内啡肽的发现是在 1975 年，苏格兰和美国的研究人员分别在猪脑和牛脑中发现了这类小分子肽类物质。截至目前，科学家们已经识别了 20 多种内啡肽，它们在体内可以产生类似鸦片的作用。内啡肽需要与内啡肽受体结合才能发挥作用，而外源性的鸦片会竞争性结合体内的受体，当外源性的鸦片摄入过多时，仅靠内啡肽则无法产生足够的愉悦感，所以就需要不断地补充外源性的鸦片。这也就是成瘾最基本的原理。因此，难过的时候就去跑跑步，悲伤的时候就去吃点儿甜食，还可以谈一场甜甜的恋爱，让内啡肽接管你的情绪体验。千万不要剑走偏锋选择毒品，毕竟成瘾容易，戒断很难，因为成瘾而赔上人生的例子实在是不胜枚举。并不是吸毒的人更懂生活，而是吸毒的人为了追求刺激的感觉而赌上了生活，赔了整个人生！

鞋

　　我很喜欢运动，多年的运动让我很受益，不仅可以很好地应对日常紧张的高强度工作，而且即使感觉到疲劳，休息一下，睡上一夜好觉，疲劳就会立刻消失，又可以生龙活虎地开始新的一天了。

　　我最喜欢的运动是羽毛球和跑步，时常有很多人善意地提醒我要注意避免膝盖损伤。每当这个时候，我都会在感谢对方善意的提醒之余，告诉他们我的经验——选一双合适的鞋！

　　我是非常重视鞋的选择的，跑步有专门的跑步鞋，打羽毛球有专门的羽毛球鞋，打高尔夫球有专门的高尔夫球鞋。跑步鞋的鞋底有可以使力量得到缓冲的特别设计，缓冲跑步时对膝关节的冲击，而且将部分力量反弹向前，让你获得一种向前的动力，节省能量；羽毛球鞋的设计重点一方面在于要增加鞋底的摩擦力，另一方面在于鞋的外侧缘的前半部分要有几道加强的筋，以便适应羽毛球运动时急转急停的特点；高尔夫球鞋的特点在于鞋底钉子的设计，既可以让你感受到茵茵绿草的软绵，又可以保护好细嫩的小草，不会将小草踩倒。

　　所以很多品牌的运动鞋价格很高，不仅是因为品牌价值，也是因为其中所含的科技，在设计时充分考虑了人体运动的动力学特点。

暴走是起源于美国的一项时尚的新型运动，因为装备简单，又能达到锻炼身体的效果而深受人们的欢迎。暴走只需要一双好一些的运动鞋，再带上一瓶水就可以了。约上三五好友，带上水和一些应急的零食，在风景秀美之处暴走，可以边走边聊边欣赏美景，也可以一个人带着宠物犬，听着音乐，边走边遐思。这确实是一项很好的运动。

但是好项目如果走极端也会变了味道。曾经在视频上看过"暴走一族"，几十人甚至上百人在公路上徒步，甚至引发交通事故；高分贝的音乐、口号声，侵扰了周围居民的生活安宁。所到之处，不管是行人还是机动车都必须无条件地让路，在网上也时不时地能够看到暴走族与行人发生冲突的报道。但是也有很多参加暴走的人走了一段时间就退出了，原因多数是因为膝盖受不了，膝关节疼了！

这种暴走的行为我是很不赞成的，从个人素质来说，应该遵守公序良俗，在公共场合要尊重他人的感受，不能影响他人以及社会秩序；从生物学的角度来看，这种暴走的方式就很不科学。

从猿人开始算起，人类直立行走已有 320 万年的历史了。目前已经发现的最古老的直立人化石是埃塞俄比亚国家博物馆收藏的一位名叫"露西"的南方古猿。从她的骨盆和腿骨化石来看，科学家们认为她已经可以直立行走了。"露西"也因此被称为是现存人类的共同母亲。科学家们认为，从四足行走到直立行走的转变，是古人类演化的一个重要的变化。直立行走之后，解放了双手，可以提高古人类从小型树木上采集果实的效率，也使古人类可以在行走时携带工具，狩猎的成果得以提升。直立行走还有一个好处，就是使得古人类可以保持凉爽。这是因为直立可以减少太阳光的照射量，加大暴露在流动空气中的身体表面积。

在这 320 万年的直立行走过程中，也逐渐形成了人类所独有的足弓。足弓的构成是这样的：足弓为脚上的骨骼，诸如跗骨、跖骨借助着韧带和肌腱等一起形成的凸向上方的弓形结构，这个弓形结构不仅在足的前后方向上形成弓形，在左右方向上也形成弓形。足弓对于人类直立行走具有很重要的生理意义。首先，足弓可以在人保持直立时增强稳定性；其次，足弓可以增加足的弹性，在行走、奔跑和跳跃时缓冲振动；最后，足弓可以保护足底在足弓下方分布的肌肉、神经、血管免受压迫，为其提供保护。有的人足弓出现塌陷，医学上叫作"扁平足"。在这种情况下，由于足弓下方的肌肉、神经、血管在行走时会受到压迫，很难长时间步行。所以参军体检时要检查是否存在扁平足，出现扁平足的人其身体条件不适宜参军。

好的运动鞋充分考虑到人体工学原理，在走路时可以协同足弓的弹性，缓冲对关节的冲击力。而暴走时，走路的频率快于平常，用力程度高于平常，对膝关节的冲击力也自然大于平常。这时候如果鞋不合适，自然就容易造成膝关节的伤害了。

多年前在荷兰旅游时，我买了一些代表荷兰文化的荷兰特产小木鞋回来，准备作为礼品赠送友人。我的老妈看到后提醒我，你这是给别人送"小鞋"啊？一句话提醒了我，文化不同，对同一件物品的联想也不同。我好心送礼，说不定还真的能产生误会。所以这批漂亮的荷兰小木鞋至今只能在我家的书柜里摆着啦。

生活中，我们在商业街或旅游胜地等处有时能看到美女们手里拎着脱下来的高跟鞋，赤脚大步前行的场景。想必此时美女们受够了高跟鞋的束缚，解放双脚的那种畅快和舒服战胜了好看。

其实高跟鞋最初是给男士们穿的。到了 16 世纪的时候，高跟鞋甚至成了贵族的时尚单品，尤其是对于个子矮小的男士来说，穿上高跟鞋会显得更加高大威武，自信心也自然就提升了。据说拿破仑身材矮小，身高只有一米五五，所以他特别钟爱高跟鞋，也因此特别喜欢丝袜。这让今天的人难以想象。现在的男士如果这样穿着，一定会被认为是"异装癖"。

但是逐渐地，高跟鞋成了女性的专利。穿上高跟鞋，可以增加身高，让小腿显得修长，变成"大长腿"。为了维持身体的前后平衡，穿上高跟鞋后，臀部的臀大肌及其他使身体直立的肌肉必须收缩发力，小腹就要收紧，胸部也自然挺立起来，从而使女性显得亭亭玉立，魅力大增。因此高跟鞋已经成为社会大众和女性本身所公认的魅力标志，深受职业女性的欢迎。

但是由于高跟鞋破坏了足弓的结构，使得全身的重量最终都传

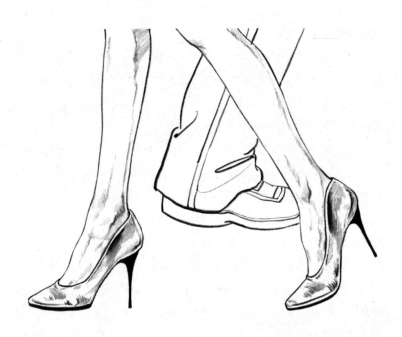

洪雪玲 绘

递到前脚掌，前脚掌受力加大，并进而传递到最前方的脚趾，势必造成脚趾与鞋尖接触的力量增大，挤压脚尖，会使脚尖容易疼痛。同时由于臀部肌肉始终处于紧张状态，使得腰椎进一步向前凸起，腰部向前的生理弯曲加大，腰椎的小关节和小肌肉处于长时间的紧张状态，就容易出现腰背肌的劳损，引起腰痛，甚至会导致椎间盘突出。所以高跟鞋虽然可以增加女性魅力，但是不建议长时间穿高跟鞋行走。

俗话说，鞋子是否合适，只有脚知道。很多人用这个俗语来说明不要用自己的标准、自己的想法去猜测别人是否开心、是否幸福。鞋子是否合适，是否跟脚，并不是只有脚知道。如果鞋子不合适，在你站立、行走、奔跑和蹦跳的时候，就会出现肌力的不平衡，腿部的肌肉就会很自然地进行相应的调整，这种调整很微小、很精细，短时间内似乎没有太大的影响。但是时间长了，肌肉的微小改变就会逐渐积累，形成一些大的用力习惯甚至结构上的变化，并进而引起腰椎及其周围肌肉的变化，这个时候就有可能出现身体上大的变化，甚至会引起椎间盘的突出。

通常情况下我们买鞋的时候都把注意力放在外形的美观、价格的高低、大小是否合适这几个方面，也有人买鞋的时候考虑舒适度，一定要买穿着感觉舒服、跟脚、轻快的鞋子。舒服、跟脚、轻快应该是买鞋时我们最需要重视的方面！

6

生灵奥秘

地球上有着种类繁多的动植物，形成了丰富多彩的生物多样性。每一个生命都在竭尽所能地活下来，并将基因传递下去，充满了生物进化的生命奥秘。

你认为的残酷恰恰是动物不得已的生存智慧

　　加拉帕戈斯群岛又被称为科隆群岛，是位于太平洋东部靠近厄瓜多尔，由熔岩堆积物形成的一组火山群岛，它由 7 个大岛、23 个小岛、50 多个岩礁组成。这个群岛大约在 100 多万年前从海中隆起，从没有和大陆相连过，所以岛上所有的动物都是越洋而来的。岛上地形险要，怪石嶙峋，但气候凉爽并极干旱，栖息着许多世界上独有的不寻常的动植物，如陆生鬣蜥、巨龟和多种类型的雀类等。由于没有外力的干扰，加拉帕戈斯群岛就像一个天然的生物实验室，可以供人们研究岛上动物的进化过程和进化结果。

　　加拉帕戈斯群岛因其自然淳朴而被誉为地球上最后的天堂，也是全世界生物学家和爱好者心中向往的"圣地"，我也一直期盼着有朝一日能够到那里去畅游一段时间。加拉帕戈斯群岛之所以有名，和达尔文以及他的进化论分不开。

　　1835 年 9 月 16 日，时年 26 岁的英国博物学家查尔斯·罗伯特·达尔文搭乘一艘名为"小猎犬号"的英国海军测量船到达加拉帕戈斯群岛。这是达尔文历时 5 年的"小猎犬号"世界考察中最重要的一段时光。达尔文花了一个多月的时间在岛上采集标本，岛上一些物种的差异和特异现象引起了他强烈的兴趣并从中得到感悟，为进化论的形成奠定了基础。

　　加拉帕戈斯雀羽毛颜色均为暗色，体形相似，体长 10~20 厘米不等，种间最明显的区别是喙部的形状和大小。这些地雀分别以植物种子、昆虫、仙人掌为食，有些种类甚至啄食其他鸟类的血液。据文献记载，达尔文在加拉帕戈斯群岛一共采集了 31 只地雀，而同在"小猎犬号"上的其他 3 位船员也采集了很多地雀，并清晰具体地标注了采集地的岛屿名称。这 3 位水手中还包括后来成为达尔文以及进化论宿敌的"小猎犬号"船长菲茨罗伊。达尔文将其收集到的鸟类标本委托给后来被誉为"澳大利亚鸟类研究之父"的英国皇家学会会员，著名的鸟类专家约翰·古尔德。古尔德仔细地研究了这些后来被命名为达尔文地雀的鸣禽，认为它们应该是地雀的一个系列，可以分为 12 个种。在此基础上，达尔文推测这些不同种的地雀应该是来源于一种很多年前来到加拉帕戈斯群岛的地雀，那是现存的十余种地雀的共同祖先，只是由于后来它们的后代分布到不同的岛屿，而每个岛屿都有着独特的环境和食物，于是这些地雀逐渐形成了与特定的岛屿相对应的生活习性，并进化出适应不同食性的喙，才最终演化成不同的物种。而最近的研究表明，地雀的这种演化至今在加拉帕戈斯群岛上还在不断地发展着。

　　正是基于对加拉帕戈斯群岛各个岛屿上的鸣禽的研究，1859 年达尔文发表了震惊世界的《物种起源》。至今在伦敦大英博物馆还展出着很多当年达尔文在加拉帕戈斯亲手采集和制作的鸣禽标本。

　　在加拉帕戈斯群岛上还生活着一种叫作橙嘴蓝脸鲣鸟的海鸟。这种海鸟除了繁殖期以外，大多数时间都在海上活动，善于飞行和游泳，主要以各种鱼类为食。但这种海鸟最引人注意的是它看起来有些残酷的繁殖方式。

　　橙嘴蓝脸鲣鸟每窝产两枚卵，但是中间要间隔几天。当第二只

孙豪冰 绘

雏鸟出生的时候，先出生的雏鸟已经长得比较大了。在第二只雏鸟出生后，先出生的那只就会拼命地啄咬后出生的同胞，把它咬得头破血流，或是把"一奶同胞"的小雏鸟拖离阴凉处，拖到阳光下，把它活活晒死，这样大雏鸟就能独享父母的照料了。可怜的小雏鸟还在懵懵懂懂的时候，就需要凭借本能为生存与自己的亲兄弟进行殊死搏斗。而鲣鸟妈妈对大雏鸟的行为从来不加制止，反而采取一种默许的态度，在小雏鸟死去后，鲣鸟妈妈也就只给大雏鸟喂食了。

　　每次在"动物世界"看到这样的内容，总有人感慨大自然的残酷。但其实，这恰恰体现了橙嘴蓝脸鲣鸟适应大自然残酷环境的生存智慧。因为橙嘴蓝脸鲣鸟的食量极大，而且雏鸟也需要快速生长，但自然条件却非常差，食物短缺，鲣鸟父母是没有能力养活两只雏鸟的。坐视幼小的雏鸟被强壮的兄长欺凌而死，正是为了将有限的食物给予最有生命力的后代。而每窝产两枚卵则是为了预防孵化失败以及避免可能的先天性疾病。也就是说，后出生的那枚卵，天生就是"备胎"。第二只小雏鸟想要顺利成长只能寄希望于第一枚卵孵化失败或有先天性疾病。只要第一只雏鸟一切正常，"备胎"就会成为家庭的累赘，也就没有了生存的机会。这看起来很残酷，但却是一种动物的优生智慧。

一些哺乳动物还有更为残酷的"杀婴"行为。比如非洲草原上的狮子，新狮王"登基"之后，常常会将狮群中未成年的幼狮咬死。这是因为哺乳期的雌性狮子不会怀孕，一旦幼狮死亡，哺乳中断，雌性狮子就会恢复发情，进行交配。通过杀婴可以避免为"前任"养孩子的付出，还可以促使雌性尽快发情，为新狮王生育后代。这也是一种为了种族延续而不得不采取的很残酷的繁殖行为。

人们常常感叹人生不易，其实准确地说应该是生命不易。有一位叫作大卫·爱丁堡的生物学家曾经说过，全世界有400多万种不同的动植物，也就有400多万种不同的生存方式。天高任鸟飞，很多人羡慕鸟儿可以自由飞翔，可那仅是表面现象。如果鸟儿也会写小说，我相信每只鸟的"鸟生"也都会有催人泪下的感人故事。

在人类社会中，如果家中有几个孩子，即使父母努力争取公平对待每个孩子，但是在一些事情的处理上难免会表现出对某个孩子的偏爱，这种"偏爱"实际上也是一种潜意识中的"鲣鸟养育原则"。因为一旦出现食物缺乏，无法保证所有的孩子都能存活下来，就要优先保证最优秀的孩子活下来，这也是一种确保后代延续和优生的生存策略。

提到优生智慧，我就会想起古希腊的斯巴达人。斯巴达是个资源匮乏的古希腊小城邦，为了获取更好的生存空间，他们养成了尚武的习惯。他们认为只有强壮的婴儿，未来才会成长为勇猛的战士，而且斯巴达人认为生育强壮的后代是爱国行为，是国家需要，强壮的身体与城邦命运紧密相连。所以，新生儿从出生之时就要用酒精洗澡，并且需要长老们检查其身体状况。如果孩子瘦弱畸形，就会被扔到当地的一座山脚下任其自生自灭。只有身体健康的婴儿才会被父母领回去抚养。而在孩子的成长过程中，还要经历寒冷、饥饿、鞭挞等严酷的考验，据说斯巴达的孩子从来不允许穿鞋，也不允许睡在柔软温暖的床上。斯巴达人确信，只有强壮的母亲才能生育强壮的孩子，所以女孩子从小也和男孩子一样接受各种高强度的训练。

正是由于从出生之日起就开始这样残酷的训练，斯巴达拥有着当时古希腊半岛最强大的陆军，所向披靡。当然，今天看来，单纯强调体质的优生并不可取。人类社会毕竟不能单纯靠体力的拼搏，还要靠知识、智慧等综合素质来发展。这也是斯巴达后来逐渐衰落的原因。

生命的使命

　　人为什么活着？这是一个很多人都经常思考的哲学问题，不同的人有不同的答案，而这个答案从来就没有统一过，属于一个典型的没有标准答案的命题。在《钢铁是怎样炼成的》一书中，保尔·柯察金曾经说过一段著名的话："人最宝贵的是生命。生命对于每个人只有一次。人的一生应当这样度过：当回首往事的时候，他不会因为碌碌无为而悔恨，也不会因为虚度年华而羞愧。这样，在临死的时候，他能够说：'我的整个生命和全部精力，都已献给了世界上最壮丽的事业——为人类的解放而奋斗。'"这段话曾经激励了几代人，至今仍然在发挥着激励奋进的作用！

　　但是动物为什么活着呢？这是一个科学问题，有标准答案。动物活下来的目的就是基因的传承，就是为了传宗接代，延续种系！

　　觅食、防御和繁殖，这是动物一生中最重要的3件"人生"大事，也是生命进化的三大动力！觅食和防御，就是吃和别被吃，这是关系动物个体生存的两件大事。只有吃，才能获取能量，才能让动物正常地成长和活着。只有通过各种防御手段不被吃掉，动物才能活下去。而活着和活下去的最终目的，就是要找到配偶，使个体的基因得以传递到下一代。对于动物而言，在资源严重匮乏的恶劣生存环境之中，一个个体如果失去了生育能力，就只能单纯地消耗食物资源了，对整个种群而言，也就失去了生存的意义，怎么还有脸活着？在蚂蚁、蜜蜂等群居的无脊椎动物中，也有专门从事劳动而不生育的第三性别，如工蚁、工蜂等，它们的存在恰恰是为了让有生育能力的蚁王、蜂后能够集中精力，专注于生育。

为了繁殖后代，延续种系，动物们演化出各种各样多姿多彩的觅偶和生殖方式。有的动物以量取胜，繁殖大量的子代个体，数量多了，即使生存概率非常低，也会有少量个体凭借运气活下来。也有的动物拼成活率，这样演化出胎生、卵胎生等生殖方式，虽然每次出生的个体数量较少，但是通过提升存活率，使种系得以延续。

孙豪冰 绘

为了使那肉眼看不见的被称作 DNA 的双螺旋结构的基因得以传承，也有的动物演化出令人目眩的奇葩的生殖方式。

"蜉蝣之羽，衣裳楚楚"出自《诗经》中的《曹风·蜉蝣》，意思是感叹光阴易逝，生命短暂。非洲的马拉维湖是非洲的第三大湖泊，风光旖旎。每年有一个时期，在马拉维湖的水面上，总会凭空冒出阵阵黑烟。走近观察，就会发现，这些黑烟竟然是成群飞舞的蜉蝣。科学家们发现，这些蜉蝣竟然没有嘴，也没有消化系统，也就是说这些蜉蝣竟然不需要吃喝任何东西。难道它们是永动机，不需要补充能量？原来，蜉蝣在成虫之前可以存活一年甚至几年，但是一旦羽化为成虫，其寿命只有短短的 24 小时，朝生暮死，它已经不需要补充能量了。只为完成生命的使命，用求偶的华尔兹实现种系的延续。而且为了节省资源，好钢用在刀刃上，干脆连口器也退化了，它们不吃不喝，把有限的资源都用在觅偶和交配产卵上。成虫的 24 小时里只有一项活动，就是繁殖下一代，完成产卵之时，就是生命终结之时。

"头戴如意帽，身穿绿战袍，手拿双弯刀，捉虫本领高"，这是关于螳螂的谜语。"螳螂捕蝉，黄雀在后"，这也是老百姓津津乐道的歇后语，提醒人们不要目光短浅，只想着算计别人，而没想到别人也在算计自己。螳螂的英文是 praying mantis，直译过来就是正在祈祷的螳螂，名字来源于它们的两条前腿并拢且弯曲，很像一个人在祈祷的样子。螳螂靠着它那闪电般长有尖刺的铡刀一样的前腿以及和周围环境浑然一体的伪装伏击猎物。通过化石研究发现，在有恐龙的年代就有了螳螂。螳螂见证了恐龙的兴盛，也见证了恐龙的灭绝。螳螂也见证了人类的出现，还见证了人类的发展……

在动物界中，螳螂独具一格的只有一只耳朵，这个耳朵位于其两条后腿的中间，所以螳螂可以听见声音，但是难以确定声音的来源。螳螂更加令人咋舌的还是其繁殖方式，简直是令人闻之色变。螳螂在交尾完成之后，雌性螳螂会伸出两只弯刀，"情意绵绵"地钳住"意犹未尽"尚在体会甜蜜的雄性螳螂，然后毫不犹豫地咬掉它的脑袋，津津有味地把几分钟前还是新郎官的雄螳螂吃掉。这真是令人恐怖的"色诱"！原来这是雌性螳螂为了补充蛋白质，为了产出饱满的卵，从恐龙时代就已经进化出来的一种特殊的求偶和交配方式。雄螳螂不仅是"以身相许"，更是以命相许，为爱献身，以生命为代价换取小小的DNA的传承！而没有找到"献身"机会的雄螳螂，只能因为自己无法满足雌螳螂的"口腹之欲"而"羡慕嫉妒恨"了。

　　"鮟鱇鱼炖豆腐"是大连人非常喜欢的一道菜肴，过去是上不了台面的，但是近些年逐渐登上了大酒店的餐桌。鮟鱇鱼不仅味道鲜美，而且富含不饱和脂肪酸和胶体，也富含维生素A和维生素E，被认为是一种营养食品。鮟鱇鱼也被称作世界上最丑的鱼，长着一张不成比例的大嘴，身体也是疙疙瘩瘩凹凸不平的。它也是一种会"钓鱼"的鱼。它的第一根背鳍与众不同，上面有一个小肉球，晃来晃去很像一只小虫子在漂荡。鮟鱇鱼常常隐身在海底沙土下面，仅露出眼睛和"钓竿"，把小肉球晃来晃去。一旦其他小鱼将其误认为是食物前来猎食的时候，鮟鱇鱼大嘴一张，小鱼在懵懵懂懂之间就已经成为鮟鱇鱼的口中餐，开始了被消化的过程。

　　鮟鱇鱼中有一个品种叫作角鮟鱇鱼。长期以来，人们一直很疑惑，为什么角鮟鱇鱼只有雌性，而没有雄性。直到大约100年前，这个谜底才被揭开。人们在雌性角鮟鱇鱼的身体上找到一个或者几个小疙瘩，最初还以为是附着在鮟鱇鱼身上的寄生虫，仔细解剖后才发现，这些小疙瘩竟然是寄生在雌性角鮟鱇鱼身上的雄性配偶。雄角鮟鱇鱼长成之后，必须迅速地找到雌性配偶，然后吸附到雌性身上，至死也不放手，真正实现"不求同年同月同日生，但求同年同月同日死"。更为奇葩的是，在吸附到雌性角鮟鱇鱼身上之后，雄性角鮟鱇鱼的血管会逐渐长到雌性角鮟鱇鱼的身体里面，从"她"的循环系统获取生存需要的营养。雄性角鮟鱇鱼的消化系统，包括它的嘴和运动系统，也逐渐退化甚至消失了。但雄性鮟鱇鱼的生殖系统不仅保留了下来，而且进一步发展，整个身体长成了一个生殖器，成为一团包裹着睾丸的"肉"。这真是"吃软饭"的最高境界！为了准确地描述这种为了"吃软饭"连脸都不要了的行为，科学家们还专门创造了一个词，叫"性寄生"！

鼩鼱是世界上最小的哺乳动物，长得有点像老鼠，但是和老鼠没有半毛钱的关系。它也被认为是最聪明的小型哺乳动物之一。它们在中生代白垩纪地层中就已出现，也是和恐龙同时代生活的小动物，是有胎盘类哺乳动物中最原始和最古老的一支，也是大多数比较高级的哺乳动物类群的祖先。雄性鼩鼱一生只交配一次，一次交配要持续 24 小时以上，高强度的交配会导致其免疫系统崩溃，使雄性鼩鼱在交配之后衰竭而死，留下雌性鼩鼱单独哺育后代。这是真正的"精竭而亡"！可能有人会质疑，这值得吗？可是对于小小的雄性鼩鼱来说，能够为了爱情而献身，是其一生的荣耀，是胜利者才有的专利，是其"鼩鼱生"的最高追求和高光时刻！

多样的生物世界，也有着多样的繁殖行为！对于动物而言，小小的基因才是头等大事，基因的传承是生命的使命！

从老马识途说起

在《韩非子·说林》里，有一个大家耳熟能详的"老马识途"的典故，是指老马能够认识曾经走过的道路，后来用这个词来比喻阅历多的人富有经验，熟悉情况，能起到引导作用。

故事发生在春秋时期，当时的齐国是北方的大国。有一年，齐国应燕国之邀，出兵征伐入侵燕国的山戎人，后来，山戎人惧怕齐军，逃到一个名叫孤竹国的小国。于是当时的齐国国君齐桓公决定出征进攻孤竹国，相国管仲也随他出征。

齐军是春天出发的，等到征服了孤竹国凯旋时已是冬天，草木变了样。大军在崇山峻岭中误入一个地形险恶的山谷，转来转去，最后迷了路，再也找不到归路。虽然齐桓公派出很多探子去探路，但仍然弄不清楚该从哪里走出山谷。时间一长，齐国军队的给养变得困难起来。当时的情况非常危急，如果再不找到出路，大军就会困死在这里。管仲冷静地思索了好久，终于有了一个想法，既然狗离家很远也能寻回家去，那么军中的马，尤其是老马，应该也会有认识路途的本领。于是管仲对齐桓公建议："大王，我认为老马有认路的本领，可以利用它在前面领路，引领大军走出山谷。"齐桓公听从了管仲的建议，立刻派人放开老马的缰绳，随它们自行走去，大军在后面跟随着老马前行。果然不出管仲所料，老马认识来时的路径，齐军终于在老马的引领下走出了山谷。从此也就有了"老马识途"这一成语。

老马能够识途是因为马有比较发达的嗅觉系统以及很强的记忆力。因此马对气味以及路途的记忆力相当强。有的老马，居然能在相隔数年后，从数百千米外回到自己阔别已久的"家乡"。

鼻子是人和动物的嗅觉器官，在鼻腔的末端有可以感知嗅觉的嗅黏膜。嗅黏膜上面有很多嗅觉感受器，可以感受到气味。在哺乳动物的鼻腔里，还演化出弯弯曲曲的鼻甲骨，这样就可以为嗅黏膜提供更大的附着面积，在脑内，还有负责嗅觉的神经元聚集而形成

洪雪玲 绘

的嗅球。嗅球的大小可以很好地反映一个动物对味觉的敏感程度，嗅球越大，其中的神经元的数量就越多，动物的嗅觉就越灵敏。

很多人的嗅觉特别灵敏，据说优秀的香水师能够嗅出 200 多种不同的香味。但是人的嗅觉和动物相比，就是小巫见大巫，有如天地之别了。人的嗅球的体积只有火柴头儿大小，而很多动物的嗅球要比人的嗅球大上数百倍。比如，马的嗅球有花生米那么大，体积要比火柴头儿大得多，其中与嗅觉有关的神经元的数量要比人类多出几百倍，嗅觉自然比人灵敏多了。而狗、猪、牛、羊等很多动物的嗅球都有花生米那么大，所以这些动物的嗅觉都非常灵敏。

嗅球最大的动物要数鲨鱼了。一条一米多长的鲨鱼，它的嗅球有小鸡蛋大小，是人类嗅球体积的几万倍。因此鲨鱼也是嗅觉最灵敏的动物之一。据说在浓度只有 1PPM，也就是只有百万分之一的浓度比例时，鲨鱼就能嗅到味道了。这相当于在一个游泳池中滴进去一点点血，鲨鱼就能闻到血腥的味道。这也难怪在海洋中一旦有人或动物受伤，血流进海水中，很快就会有鲨鱼从远处赶过来。因此，电影里关于鲨鱼的恐怖镜头还是有一定的科学道理的。

对于我们人类，感知外部世界主要靠视觉和听觉。眼睛使我们有了一个五彩缤纷的视觉世界，耳朵让我们有了动听或者嘈杂的听觉世界，而对于非常多的动物而言，还有一个味道万千的嗅觉世界，这个嗅觉世界如何精彩，恐怕人类永远也无法体会、无法想象啦。

在老马识途这个故事里，听觉信息只能保留很短暂的时间，对于老马辨识路途不会发挥作用。在视觉信息方面，因为春天和秋末冬初的景致发生了很多变化，对于老马识途所能发挥的作用也有限。但是在春天齐军行军的路途上，马儿们会一边走一边排便和排尿，沿途留下很多气味。流年将尽，气味已经衰减了很多，我们人类难以嗅到了，但是对于嗅觉灵敏的老马，还能捕捉到残存的熟悉的气味，自然也就可以闻着气味，循着来路走出迷境啦。这就是老马能够识途的科学道理。

我家的小宠物狗萌萌在散步时总是不停地嗅来嗅去，而且会时不时地在几个特定的地方停下来，鼻子不停地抽动，发出"嘶嘶"地嗅的声音，很专注地闻上很长的时间。这个时候你一定要等它闻够了味道才能走，如果强拉它走，它会四足紧绷，不情愿地抵抗你，希望能够多停留一会儿，多嗅上几鼻子，有时甚至会愤怒地冲你狂吠几声。我想这个时候它对这种嗅觉的享受，一定和人类因为欣赏"霜叶红于二月花"而"停车坐爱枫林晚"的感受有些类似。白居易曾经有诗曰："本性好丝桐，尘机闻即空。一声来耳里，万事离心中。"小狗萌萌遇到它喜欢的"美好的味道"可能也会"一味来鼻里，万事离心中"啦。

嗅觉对于动物发现食物、躲避敌害以及寻找伴侣、找到父母或后代都非常重要。也有的动物通过嗅觉标记领地或恫吓对手。东北虎、棕熊、熊猫等很多野兽都是独居的。当方圆几十甚至上百平方千米中只有一只同类野兽时，他们发情的时候是如何找到伴侣的？就是靠嗅觉！一只公老虎能够嗅到母老虎发情时所散发出的雌性激素的味道，闻到母老虎的味道，公老虎就会屁颠屁颠地一路闻"香"，寻"芳"而去，奔跑几十甚至上百千米，去给心爱的母老虎献殷勤。我们在户外用餐的时候，最讨厌的就是苍蝇不请自到，而且挥之不去。在苍蝇的头部有一对细小的凸起，上面有细毛，这就是苍蝇的气味感受器官。苍蝇凭借这一器官，就可以探测到食物发出的气味！

在非洲的马达加斯加有一种婴猴，做妈妈的婴猴会对着自己的孩子撒尿，其目的就是用尿液对自己的孩子进行气味标记。如果将幼小的猴子身上的气味用水"洗净"，婴猴妈妈甚至会因为气味的改变而放弃抚养孩子。

非洲的狮子捕猎的时候也知道躲在下风头，以避免自己的味道被风带走，被食草类动物嗅到。嗅觉也可以帮助食草类动物发现食物，以及嗅到天敌的味道，及早进行躲避。

人类是灵长类动物中唯一在固定场所排便的生物，其他猿猴都是走到哪里就排泄到哪里。对于人类，粪便是污秽的，如何处理粪便也成为人类文明进化的标志。有人推测，人类在固定场所排便应该是伴随着定居生活开始的，以便保持生活环境的清洁。后来逐渐有了城市，在城市治理方面，处理粪便是很重要的一个工程。在古罗马时期，已经有了公共厕所，大家可以排排坐在一起排泄。当时的公共厕所里准备了一根绑有海绵的木棒，供大家便后擦拭屁股。海绵是公用的。这事现在说起来令人作呕。

吕叔湘在 1932 年曾经翻译了一本书《文明与野蛮》，是美国路威教授的作品。据书中记载，中世纪时，时髦的巴黎街头污秽不堪，每天早晨，行人们需要小心走路，随时注意躲避伴随着"下面当心水"的提醒声音从窗口倒下的粪便。刚刚发明抽水马桶的时候，路易十四可以坐在马桶上一边排便一边接见大臣。因为能够使用抽水马桶，不仅是技术上的进步，更代表着文明的进步。当然，能够在路易十四解放自我的"私人时间"被召见，一起讨论庄严的国家大事，也意味着无上的荣誉。

在中国历史上，也有一个处理粪便气味的故事。元代画家倪瓒是富贵人家出身，被戏称为"中国历史上洁癖第一人"。他家的厕所是一个"空中阁楼"，上面是香木搭成的格子，下面填着土，中间铺有鹅毛。上厕所的时候，粪便掉下时鹅毛飞起将其盖住，就闻不到臭味了。以至于在史书中有了专门的记载："凡便下，则鹅毛起覆之，不闻有秽也。"

而对于很多动物而言，粪便恰恰是他们躲避敌害以及标识领地的工具，不能随便排泄。

膀胱的作用是储存尿液，尿液的储存对于动物很重要。我们体内的蛋白质在代谢过程中会产生尿素，其需要通过尿液排出。刚刚排出的尿液是无菌的，但排出体外后很快就会被周围环境里的细菌所污染。细菌会将尿液中的尿素分解成氨，而氨会发出刺鼻的气味。对于食草动物来讲，储存尿液就避免了随时排泄，这样就减少了遗留在路上的氨的味道，有利于销声匿迹，避免天敌跟踪捕食。

老虎、狮子、狼等猛兽也从来不会酣畅淋漓地排尿，不会一次性地排空膀胱，而是每次只尿出一点点，用尿来标识它们的领地，宣示主权，警告其他同类不要侵犯自己的领地。这个时候尿已经变成猛兽们宣示主权的工具了。外来的野兽到达新的地界时，也会把"地主"的味道仔细地闻一闻，从中可以了解到"地主"是谁，什么时候来过，吃了什么，身体健康情况怎么样等信息，以便决定是挑战"地主"，还是悄悄地溜走。东北有句话："你看你那尿性！"这句话也说不定是和野兽的排尿习惯有关，体现了祖宗们对动物世界细致入微的观察。

养宠物狗的主人们都会看到自家的小狗经常在一些树木、电杆、墙角等地撒尿，一次只撒一点点。在某视频平台上也看过这样的有趣视频：有人坐在路边，突然感觉衣服湿了，回头一看，原来是有小狗在他身上撒尿，被小狗宣示主权啦！狗要宣布，这个人是我的！狗的这种撒尿行为其实就是其数万年前的狼祖宗留下来的领地标记意识。

鸟类可以飞行，可以离开地面在三维空间里翱翔，地面上留下点味道并不会暴露其行踪，天敌无法嗅着味道对鸟类进行追踪，所以也就没有积存尿液集中排放的必要。而同时为了适应飞行，需要减轻体重，鸟类的膀胱就退化了，尿液随时产生，随时排泄，尿道和粪道也合二为一，不再区分"大便"和"小便"了。这也是"小鸡不撒尿，各有各的道"的道理。当然啦，在现代城市广场周围常常有成群的鸽子，它们纷纷飞起时，也常常会有路人在鸽群下感受到上面所说的道理。

给蜥蜴穿上毛衣

　　在成都是很难遇到艳阳高照的天气的。这是因为成都平原位于四川盆地，周围都是高山，蒸发的水汽很难散出，都集聚在成都平原的上空，造成这里常年雾气缭绕，看不见太阳，日照时间很少。而且由于天阴，光照条件不佳，使得能见度降低，再加上空气对光的反射和散射作用，通常天空发白发灰，给人灰蒙蒙的感觉。有人说这可能是成都出美女的原因，因为常年见不到太阳，很少有紫外线的照射，所以成都的美女们显得很白净。据说，在成都一旦遇到晴空万里、艳阳高照、蓝天白云的日子，不仅需要发个朋友圈，甚至可以向老板请假去晒太阳。连续几天的晴天都可以成为媒体报道的新闻题材。有一个早晨，在位于成都市中心的人民公园里，我就目睹了几位准备喝茶"摆龙门阵"的老者，边抬头看着天，边选着喝茶的桌子。一位老者与同伴交流的一句话解开了我心中的疑惑。"这个位置好，太阳一会儿就转过来了，晒的时间可以长一些。"原来他们是在寻找晒太阳的最佳位置。作为从来就不缺少阳光的大连人，我当时很吃惊他们竟然还有这样的晒太阳的经验。

　　在享受慢生活的种种方式中，晒太阳应该是其中最普遍的方式之一了。约上三五好友，找个阳光明媚之处，沏上一壶香茗，在温暖的阳光照耀下，天南海北、漫无边际、不求功利地闲聊，上到世界政治，下到家长里短，含蓄地显摆显摆自己，假作无意地点评点评别人，不露声色地吹捧吹捧同伴，确实是很惬意的人生享受。不仅如此，晒太阳还有利于健康。不仅紫外线可以杀菌，还能够帮助人体获得维生素 D，这也是人体维生素 D 的主要来源，它可以帮助人体摄取和吸收钙、磷，使小朋友的骨骼长得健壮结实。

很多动物也喜欢晒太阳。在加拉帕戈斯群岛有一种生活在海洋里的蜥蜴叫作海鬣蜥，是现存唯一半海生性的蜥蜴。它们头上长着坚

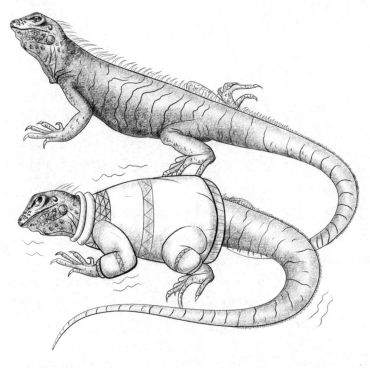

宋杨 绘

韧的肉刺，身披盔甲状的鳞片，背上有一条隆起的角刺，看着很威武的样子。海鬣蜥就喜欢趴在炽热的礁石上晒太阳。但是海鬣蜥晒太阳的目的和人类不同，它是为了借助阳光的温暖升高体温。

哺乳动物和鸟类都有恒定的体温，被称作恒温动物。除了哺乳动物和鸟类之外的绝大多数动物的体温都是不恒定的，叫作变温动物，也被称作冷血动物。变温动物的体温与环境温度密切相关。所以包括海鬣蜥在内的很多冷血动物都需要靠晒太阳获取热量来升高体温，然后才能灵活地开始运动。很多变温动物为了能够尽快地吸收阳光的热量，身体表面还进化出许多特殊的结构，比如鳄鱼，它的每一片鳞片里都布满了小血管，就好像一片片的太阳能板，在阳光的照射下，获取了热量，然后通过加快小血管内的血液流动速度，把热量快速带到全身各处，使全身都暖和起来，所以鳄鱼这个"冷血杀手"是在体温升高之后才能变得凶狠的！也有很多种蜥蜴，在晒太阳的时候，会刻意地扩大胸腔，以便增大接受太阳照射的体表面积，吸收更多的热量。

为了保持体温的恒定，减少热量的散失，哺乳动物演化出皮毛，鸟类演化出羽毛。科学家们之所以推测已经灭绝的恐龙是恒温动物，一个依据就是恐龙有羽毛。羽毛的出现，最初并不是为了飞翔，而是为了保温。人类因为在演化过程中毛发退化，需要凭借保暖的衣物来减少热量散失，其中很普遍的保温服装就是毛衣。但是如果给冷血动物穿上毛衣，又会出现什么情况呢？因为冷血动物自身产生的热量很少，需要从周围环境吸收热量，它们穿上毛衣不仅不会保温，反而会因为隔绝环境热量而被冻死。

在墨西哥北部有一个印第安部落，这里生活着塔拉休马拉印第安人。这个部落的印第安人有一种很奇特的打猎方式，他们打猎不用弓箭，不用矛，更不会用火枪了。他们打猎的方式就是一个字——追！不停地追！发现猎物后，他们根本不怕惊扰了猎物，猎物跑了他们就跟在后面追，一直追。猎物跑得快，无影无踪的时候就靠辨认蹄子印迹跟在后面继续追。猎物虽然奔跑的速度非常快，让人类望尘莫及，但是它们跑出一段距离后就要休息，这个时候猎人就赶上来了。然后猎物继续跑，猎人继续追。几个小时后，猎物终于被追得精疲力竭，只能倒地被擒，毫无反抗之力了。除了塔拉休马拉印第安人外，还有肖休恩印第安人、澳大利亚土著阿博斯人、非洲的桑人、博茨瓦纳的布须曼人等也都是采用这种简单的"低成本、费体力"的方式打猎。

很多人认为人类的各方面技能都不如动物，其实人类有一项动物无法企及的能力，就是耐力。人类是各种陆地奔跑的动物中耐力最好的，是能跑马拉松的极少数陆地脊椎动物之一。而人类能够长途奔跑的重要原因在于人类的身体没有毛，易于散热，更重要的是人类有大量的汗腺，可以出汗。出汗使得人类在奔跑时可以将体内肌肉运动产生的热量散出去，从而保证体温的恒定。据统计，一位马拉松运动员在比赛时每小时的出汗量可达 3000 毫升。而不能出汗且身披隔热皮毛的动物们，只能通过喘气来散热，虽然跑得很快，但是由于长时间奔跑体温会快速升高，所以无法长距离奔跑。

体温的恒定对于机体是非常重要的。生物的生存离不开体内的各种生物酶。生物酶是细胞产生的蛋白质，有很多种，对身体内的很多生物化学反应可以起到特异性的催化作用。酶的特点是对温度极其敏感，只有在正常体温的状态下，酶才能发挥作用。人在发烧的时候感觉浑身酸痛，就是因为我们机体内的酶在体温升高的情况下无法正常工作，导致体内出现乳酸的堆积，才会感觉肌肉酸痛。

并不是所有动物都有汗腺，所以各种动物通过各自的行为方式来调节体温。比如，狗就没有汗腺，身体无法排汗。夏天的狗常常伸着舌头喘粗气，就是通过舌头散热，调节体温。大象是靠着扇动巨大的耳朵来给身体降温的。鲸豚类动物虽然在海洋中生活，但长途或快速游动时，肌肉也会产生大量的热量，但鲸豚类动物没有汗腺，不能通过出汗散热。为了解决这一生理问题，鲸豚类动物在漫长的演化过程中，在其鳍和尾部逐渐演化出大量的血管网。这些血管网内的小动脉和小静脉在体温升高的时候会加快血液流动，增加散热。但是到了海水温度低的区域，需要保温的时候，小动脉与小静脉之间的直通血管会打开，血液可以不经过毛细血管直接从小动脉流入小静脉，从而减少热量散失。

鸟类的腿部也有与鲸豚类动物相似的血管网系统，可以在寒冷季节关闭血管网减少腿部热量的散失。很多鸟类常常单腿站立，也是为了减少热量的散失。在高温的季节，这些血管网开放，血流速度加快，可以增加热量的散发。有的城市在夏天常常会有洒水车在路上洒水，通过水的蒸发来降温。某些鸟类，比如红头美洲鹫，就利用这个原理"发明了"一种听起来很不卫生的降温方法——把排泄物拉到腿上，通过水分的蒸发降低体温。

非洲的猎豹是世界上奔跑速度最快的陆地动物，瞬间速度可以超过每小时 100 千米，从静止状态加速到每小时 110 千米只需要 15 秒的时间。但是这个速度只能维持几百米的距离，距离稍长，猎豹的体温就会迅速升高。因为这一瞬间的加速，猎豹燃烧能量的速度是休息时的 54 倍。过高的体温会导致其体内的酶无法工作，猎豹就只能停下来，否则就会出现热衰竭"中暑"啦，有生命之忧。到非洲马赛马拉大草原观光的游客，在中午温度最高的时候都会被导游带回宾馆休息，这不仅是照顾游客，还有一个原因是这个时候动物也都躲在阴凉的安全区域休息，不外出活动，出去也看不到动物啦。

塔拉休马拉印第安人能够靠长途追逐进行打猎，就是因为多数动物没有汗腺，不断长途奔跑得不到休息，肌肉运动产生的热量无法散发，导致动物体温快速上升，体内的化学酶无法正常工作，出现身体代谢异常，最终因为身体功能失调，力竭被擒。

人类除了有汗腺，可以通过出汗提升耐力之外，还有很多有趣的冷知识。

　　直立行走可以使人类的身体暴露在阳光下的部位更少，同时还可以让更多的身体部位暴露在微风中，提高排汗的效率。而手心和脚心没有汗腺，这样可以增加持物或攀爬时的摩擦力。

　　关于出汗的故事，我还有一次特别令人感慨的经历。浙江大学博物馆专业的严建强教授，经常受邀主持编写博物馆的展陈大纲。博物馆的核心是藏品，但并不是有了好的藏品，摆在那里就是一个展览。而是需要对藏品进行研究，对展览主题进行提升，形成展陈大纲。如果说藏品是博物馆的核心，那么展陈大纲就是展览的灵魂了。

　　有一次，严教授应邀撰写一个关于空调博物馆的展陈大纲。这可是一个考验，因为这个主题一不小心就可能变成一个产品陈列馆，而不是博物馆。

　　经过大量的资料研究和仔细分析之后，严教授设计出了空调博物馆的第一个展厅。这是一个炎炎夏日中农村村头的场景。有一户农家，在家门口树荫浓密的老槐树下趴着一条伸着舌头的黑狗，还有一只老母鸡张开翅膀，翅膀下躲藏着几只小鸡。农家门口的台阶上坐着一位上了年纪的老太太，手里拿着一把大蒲扇。

　　听到严教授的介绍，我不禁拍案叫绝。人类是地球上唯一可以通过改变环境来适应自己的物种。空调就是通过改变环境温度而使人免受炎热的折磨，而大蒲扇摇动时带来的微风让人感受到凉意，这恰恰就是人类最原始、最简单的改变环境的方法。而动物就只能被动地承受环境的不适，所以狗通过吐舌头来降低体温，而充满母爱的老母鸡只能用翅膀给小鸡遮住强烈的阳光。博学的严建强教授果然通过一个看似普通的场景，将技术升华到文化维度，把产品的陈列蜕变为具有人文底蕴的博物馆叙事。

如果家中养鱼的话，你可以站在鱼缸前仔细地观察。鱼缸里的鱼总是慢悠悠地游动，给正在欣赏的你带来一种放松和休闲的感觉。但是一旦鱼受到惊吓，就会像箭一样以迅雷不及掩耳之势冲出去。而冲出去一段距离之后鱼又会慢下来，恢复到优哉游哉的状态。这并不是因为鱼懒，不愿意快速游动，而是有解剖和生理原因的。鱼身上的肌肉分成两大类：一类数量较少，颜色偏红，叫作红肌；另一类数量较多，颜色偏白，叫作白肌。红肌又叫作慢肌纤维，由于含有较多的肌红蛋白而看起来颜色偏红，而且对缺氧的耐受力较强，有耐力但是爆发力不强，可以长时间工作。白肌又叫作快肌纤维，颜色发白，收缩快，因而爆发力强，但持久性差，无法长期工作。吃斑鱼锅的时候您可以仔细观察一下薄薄的鱼片。在有的鱼片的中间部位可以看到少量红颜色的鱼肉，这就是鱼的红肌；而大部分的鱼肉是白色的，属于白肌。鱼类在不受打扰，悠闲游动的时候，就靠着这少量的红肌在运动。而一旦受到惊扰，全身大量的白肌就会同时收缩，产生惊人的爆发力，鱼就会像箭一般地冲出去了。但是由于白肌的持久力不足，所以离开危险区域之后，鱼儿就迅速恢复到慢悠悠的状态。

　　人类的骨骼肌也分为红肌和白肌，红肌也被称作 I 型肌纤维，而白肌则被称作 II 型肌纤维。只不过人类的红肌和白肌不像鱼类那样泾渭分明，而是混杂在一起，每一块肌肉中都是既有红肌又有白肌。有的人红肌纤维多一些，这样的人适合做持久性的有氧运动，比如长跑；而有的人白肌纤维多一些，就适合做爆发力强的无氧运动，比如短跑。检查一个人的红肌和白肌纤维的比例，对于选拔年轻运动员和确定其培养方向非常重要。通过长途奔跑来追逐猎物的塔拉休马拉印第安人，其骨骼肌中红肌纤维的比例一定很高。